Stuttgart ist die Stadt der Stunde. Hier führt mit Winfried Kretschmann der erste grüne Ministerpräsident eine ökologisch-christdemokratische Koalition. Hier ist fast jeder Fünfte in der Automobilindustrie beschäftigt, die Region ist von den bevorstehenden Transformationen der Arbeitswelt daher besonders betroffen. Hier erschüttert das Bahnhofsneubauprojekt »Stuttgart 21« nicht nur den Boden unter dem Stadtzentrum, sondern auch den Zusammenhalt der Gesellschaft und das Vertrauen in die Demokratie. Hier ist schließlich im Zuge der Corona-Pandemie eine postmoderne Protestbewegung entstanden, die ihren Unmut mit schwäbischer Gründlichkeit bis in die Bundeshauptstadt exportiert. Man könnte meinen, der berühmte Stuttgarter Talkessel sei in Wirklichkeit eine riesige Petrischale: Was hier keimt, wird demnächst auch im Rest der Republik virulent werden. In DER STUTTGART KOMPLEX stürzt sich Florian Werner in diesen Kessel und geht ihm in fünf Streifzügen auf den Grund.

Florian Werner, geboren 1971 in Berlin, ist in Stuttgart aufgewachsen. Er schreibt erzählende Sachbücher und Prosa, spielt Fußball in der Deutschen Autorennationalmannschaft, lehrt als Gastdozent an verschiedenen Hochschulen und arbeitet für den Hörfunk. Seine Bücher wurden unter anderem ins Englische, Spanische und Japanische übersetzt. Er lebt mit seiner Frau, der Philosophin und Autorin Svenja Flaßpöhler, und zwei gemeinsamen Kindern in Berlin.

Florian Werner

Der Stuttgart Komplex

Streifzüge durch die deutsche Gegenwart

Klett-Cotta

MIX
Papier aus verantwortungsvollen Quellen
FSC® C014496

Dritte Auflage, 2022

Klett-Cotta
www.klett-cotta.de

Cover: Rothfos & Gabler, Hamburg,
unter Verwendung einer Abbildung von Anna Ingerfurth
Gesetzt von C.H.Beck.Media.Solutions, Nördlingen
Gedruckt und gebunden von GGP Media GmbH, Pößneck
ISBN 978-3-608-96584-1
E-Book ISBN 978-3-608-11930-5

Bibliografische Information der Deutschen Nationalbibliothek
Die Deutsche Nationalbibliothek verzeichnet diese Publikation in der Deutschen Nationalbibliografie; detaillierte bibliografische Daten sind im Internet über http://dnb.d-nb.de abrufbar.

Anna Ingerfurth, 14:29 Uhr, 2018, Collage

… das in der Dunkelheit glitzernde Lichternetz wie ein Sternenfeld, das sich aussät über die ganze Erde …

W. G. Sebald

Inhalt

Die Stuttgarter Republik

An einem Spätsommertag über Stuttgart wird mir alles klar. Ich fliege in etwa tausend Metern Höhe über den Westausläufern des Schönbuchs und nähere mich mit eklatanter Geschwindigkeit dem Stuttgarter Kessel. Zwischen meinen angewinkelten Beinen befindet sich ein Steuerknüppel, vor mir ein Armaturenbrett mit der Aufschrift »Kunstflug und Trudeln verboten!« sowie allerhand Anzeigen, Uhren und Armaturen, die ich nicht verstehe, über meinem Kopf die Plexiglashaube eines Motorseglers, zwei Sitzplätze, ein Propeller, sechzehn Meter Spannweite. Zum Glück fliege ich nicht allein, ungefähr drei Millimeter links von mir sitzt mein Freund Sven, ein erfahrener Flieger, er ist der Pilot, er hat ebenfalls einen Steuerknüppel, kann ihn im Gegensatz zu mir auch bedienen, im Moment unterhält er sich per Bügelmikrofon mit der Luftraumkontrolle des Flughafens.

Stuttgart Tower von Delta-Kilo-Sierra-Foxtrot-Uniform: eine Super Dimona, HK36, zwei Personen an Bord, vom Wächtersberg zum Wächtersberg, VFR, fliegen in 3000 Fuß Richtung Stuttgart, zur Info.

Ich schaue aus dem Fenster, sehe rechts unten die ersten Industrieareale, silbergrau schraffierte Fabrikhallendächer, ausgedehnte Parkplatzlandschaften, ein Autobahnkreuz wie ein Kleeblatt. Das muss Sindelfingen sein, Böblingen, irgendein Ort mit *-ingen,* vermutlich die Mercedes-Benz-Werke südwestlich von Stuttgart.

Es folgt ein Waldstück, das Laubwerk ist bereits spätsommerlich verfärbt, zeigt das ganze Spektrum wohlig warmer Töne von gelb bis karminrot, *Swabian Summer*. Eine weitere Autobahn, dann wieder Bäume, von hier oben sieht das Nebeneinander von Asphalt und Natur frappierend harmonisch aus. Wir überfliegen die Solitude, das ehemalige Jagdschloss des württembergischen Königs, einsam auf einer Anhöhe gelegen, dahinter die schnurgerade Achse, die der Herrscher zu seiner Residenz in Ludwigsburg schlagen ließ, ein Schmiss in der Landschaft.

Wieder Wald, weitere Straßen, ein paar Sportplätze. Zu unserer Linken grüßt, stramm wie ein Torwächter, der Bismarckturm auf dem Killesberg, rechts unten türmen sich die Weltkriegstrümmer des Birkenkopfs – dann öffnet sich der Abgrund: die Stuttgarter Bucht, ein gewaltiger Krater, als hätte ein Titan nach Diamanten gewühlt und dabei eine Wunde in den Keuper gerissen,

Gesteinssplitter glitzern … ach nein, es ist nur die Abendsonne, die sich hier und da in schrägstehenden Fensterscheiben spiegelt.

Wir fliegen über den Rand, der Boden scheint innerhalb von Sekunden um mehrere hundert Meter abzusacken. Und dann, mit einem Mal, für einen flüchtigen, fiebrigen Augenblick, verstehe ich beim Anblick des unter mir liegenden Talkessels alles.

Petrischale der Republik

Natürlich gibt es auch andere Städte, die für sich in Anspruch nehmen, einem von Menschenhand geformten Gefäß zu gleichen: Die berühmteste ist vermutlich New York, eine Stadt, der gern nachgesagt wird, es handele sich bei ihr um einen *melting pot* – wobei der Begriff Schmelztiegel nicht auf die Topographie abzielt, New York ist bekanntlich topfeben, sondern auf die ethnische Durchmischung der Stadt. Das bekannteste Beispiel im deutschsprachigen Raum dürfte das Ruhrgebiet sein, das von seinen Bewohnern wahlweise als *Kohlenpott*, *Ruhrpott* oder schlicht *Pott* bezeichnet wird – aber man muss schon seine ganze Phantasie zusammennehmen, einen sehr weit gefassten Pott-Begriff haben oder vielleicht schlicht aus Norddeutschland stammen, um in dem flachen Becken, an dessen Südrand die Ruhr entlangsickert, ein Gefäß zu erkennen.

Hinzu kommt die Unschönheit des Begriffs: Ein Pott ist ein Gefäß, in dem man bestenfalls Kohlen transportiert und schlechtestenfalls hineinpullert – zugegeben: Manche Leute trinken auch ihren Kaffee daraus. Stuttgart hingegen, das ist gerade in der Draufsicht aus dem Flugzeug unzweifelhaft zu erkennen, liegt in einem stattlichen Kessel.

Ein Kessel, das ist ein Gefäß, in dem man etwas kocht: Eintopf. Suppe. Gulasch, eine Bouillabaisse, einen Zaubertrank – auf jeden Fall ein Gericht, dessen Zutaten zusammen mehr sind als die Summe ihrer Teile, in dem etwas Neues entsteht. Begreift man das Wort in diesem Sinn, so ist Stuttgart der Inbegriff der Kesselhaftigkeit: Es ist aktuell *der* Ort in der Bundesrepublik, an dem sich die Zukunft dieses Landes zusammenbraut. Wollte man es etwas feinstofflicher, naturwissenschaftlicher formulieren, könnte man auch sagen: Stuttgart ist eine Petrischale; was hier keimt, wird demnächst auch im Rest der Republik virulent werden.

Hier wurde nicht nur die erste Motorkutsche der Welt zusammengeschraubt und folgerichtig mit dem ADAC auch der größte und einflussreichste Automobilclub Europas gegründet. Hier dampfen nicht nur die Schornsteine von Daimler, Porsche und Bosch. Hier liegt auch die Wiege der Waldorfschulbewegung, welche mittlerweile zu einem globalen Bildungsimperium angewachsen ist. Auch der Internationale Frauentag hatte hier seinen Ursprung, und die Partei Die Grünen stammt ebenfalls von hier: Das erste Treffen von Anhängern der ökologischen Bewegung, das schließlich in die offizielle Gründung der Partei münden sollte, fand 1979 in Sindelfingen statt.

In der Tat war Stuttgart gerade in jüngster Vergangenheit immer wieder eine Keimzelle für gesellschaftliche, politische und künstlerische Entwicklungen, seien sie nun progressiv oder reaktionär. Auf dem Höhepunkt der Finanzkrise 2008 erinnerte Angela Merkel bei einer Rede in Stuttgart an die Umsichtigkeit der »schwäbischen Hausfrau« – diese gilt seitdem als Sinnbild für eine solide Haushaltspolitik, ja als Deutschlands *austerity postergirl*. Wenig später entstand hier als Antwort auf die umstrittenen Baumaßnahmen für den unterirdischen Bahnhof »Stuttgart 21« die erste postmoderne Protestbewegung in Deutschland, deren Teilnehmer (je nach politischer Gesinnung der Beobachter) als *Wutbürger* gescholten oder zu *Mutbürgern* geadelt wurden. 2020 kam die Stadt wieder in die Schlagzeilen, als im Zuge der Proteste gegen die Corona-Eindämmungsmaßnahmen der Bundesregierung mit »Querdenken 711« ein weiteres heterogenes Protestbündnis gegründet wurde; der Begriff *Querdenken* ist seitdem, in diesem in Stuttgart geprägten Sinn, in ganz Deutschland verbreitet.

Unterdessen wurde Winfried Kretschmann, nicht zuletzt infolge der Auseinandersetzungen um Stuttgart 21, in das Amt des baden-württembergischen Ministerpräsidenten gewählt: Er führt damit als erster Grüner eine deutsche Landesregierung, ein Modell, das mittelfristig auch auf Bundesebene Schule machen könnte. 2013 bekam Stuttgart mit Fritz Kuhn zudem als erste Landeshauptstadt einen grünen Oberbürgermeister – das utopische Potenzial wie auch das realpolitische Scheitern lassen sich anhand dieser beiden Amtsinhaber studieren. Schließlich beherbergt die Region Stuttgart weiterhin eines der führenden *Automotive Cluster* der Welt, der verbrennungsmotorgetriebene Individualverkehr hat hier quasi Grundrechtsstatus. Zugleich ist die Luft in der Stadt, auch wegen der Kessellage, notorisch schlecht: Die Luftqualitätsmessstelle Am Neckartor gilt als »Deutschlands schmutzigster Feinstaub-Messpunkt«.

Auch die Musik ist in den letzten Jahren düsterer, rauer geworden: Nachdem »Benztown«, wie die Stuttgarter Hip-Hop-Crew Die Krähen die Stadt einst taufte, in den Neunzigerjahren als Brutstätte meist gut gelaunten deutschsprachigen Sprechgesangs berühmt war, gilt die Stadt seit ein paar Jahren aufgrund der hohen Anzahl an postpunkig-krachenden Gitarrenbands als »das neue Seattle«. Gruppen wie Die Nerven, Human Abfall, Jauche, All diese Gewalt oder Karies liefern keine tanzbaren Beats und abgefeimten Reime, sie bevorzugen stattdessen düstere Moll-Tonarten, die Lautstärkeregler sind auf 11 gedreht, die Texte abgründig wie der Stuttgarter Kessel.

Das Gefühl ist gänzlich verschwunden,
Die Wellen tragen Knochen ans Land,
Du kannst sie alle haben,
Ich denke, das ist okay,

raunt Sänger und Multiinstrumentalist Max Rieger von All diese Gewalt; der Song, aus dem diese Zeilen stammen, heißt nicht von ungefähr »Unfertige Stadt«.

Der Stuttgart Komplex

Auch Stuttgart ist unfertig, unabgeschlossen, unablässig im Wandel begriffen: Das berühmte Diktum des Kunstkritikers Karl Scheffler, die Stadt sei »dazu verdammt: immerfort zu werden und niemals zu sein«, trifft mittlerweile besser auf Stuttgart zu als auf Berlin, auf das es ursprünglich gemünzt war. Ohne »die Gosch«, wie der Schwabe sagt, zu voll zu nehmen, kann man behaupten: Wir leben in der Stuttgarter Republik. Ganz gleich, ob wir in Berlin, Bonn, Bielefeld oder Leipzig zu Hause sind: Wir sind sehr viel stuttgarterischer, als wir denken. Zumindest sind wir Einwohner von »Stuttgart«.

»Stuttgart«: Das ist mehr als eine konkrete Stadt in Südwestdeutschland. Wollte man es mathematisch fassen, könnte man sagen: »Stuttgart« ≠ Stuttgart. So wie »Athen« der Inbegriff der antiken Demokratie war, »Rom« die prototypische Stadt des christlichen Mittelalters und »Manchester« die Schlüsselmetropole des modernen Industriekapitalismus, so ist »Stuttgart« jene Stadt, die emblematisch für die Bundesrepublik zu Beginn des dritten Jahrtausends steht. Sie ist eine Stellvertreterin, eine Metapher, ein Prinzip – ja sogar ein ganzes Bündel an Prinzipien: ein Komplex.

Das Buch *Der Stuttgart Komplex* versucht dieses Bündel zu entwirren: Es folgt den roten Fäden durch die Stadt, kreuz und quer, von oben nach unten, vom Himmel über dem Kessel bis in die Tiefen des Abwasserhauptsammlers. Es arbeitet dabei fünf Prinzipien heraus, fünf Leitmotive, welche typisch und prägend für unser Land sind, sich aber in Stuttgart in besonders prägnanter Form offenbaren. Und es zeigt: »Stuttgart« ist weitaus mehr als die Summe seiner Prinzipien, ist mehr als Nesenbach, Protest, Pferd, Waldi und Schwabylon. Wer die deutsche Gegenwart verstehen, wer wissen will, wohin die Reise führt – der muss einen Blick auf die notorisch unterschätzte Metropole in Schwaben werfen.

Prinzip Nesenbach

Der Kessel formt sich, verdrängt seine Herkunft und kann das Wasser nicht halten

Das Erste, was beim Blick aus dem Flugzeug auf Stuttgart ins Auge fällt, ist die eigentümliche Konkavform der Stadt: Wie Tofu-Würfel in einem Kochtopf liegen die Gebäude am Boden des Talkessels, kleben an seinen Wänden, purzeln über den Rand, dazwischen verstreute Brokkoli-Rosetten, das sind die Baumkronen.

Das Zweite, was auffällt: Die Ursache für die Entstehung dieses Kessels, das Gewässer, das ihn einst gegraben hat, ist unsichtbar. Anders als beim Berliner Urstromtal, wo man schon von Weitem die Spree sieht, anders als bei Dresden und seiner Elbe oder bei Frankfurt am Main, bleibt bei der Vogelperspektive auf Stuttgart völlig unklar, warum sich diese Ansiedlung ausgerechnet hier gebildet hat. Man muss schon eine historische Karte konsultieren, um die Lebensader, an welcher entlang die Stadt entstanden ist, den sogenannten Nesenbach, zu entdecken.

Die dritte Einsicht bei der Draufsicht: Fast die gesamte Anlage der Stadt orientiert sich an diesem verborgenen Gewässer, alle wichtigen öffentlichen Gebäude liegen an seinem Verlauf, die großen Parks und Hauptverkehrsachsen folgen seiner Fließrichtung – nur ein einziges Bauwerk widersetzt sich ostentativ der Logik des Nesenbachs: der Neubau des Hauptbahnhofs, dessen Verkehrsströme derzeit ebenfalls in den Untergrund verlegt werden.

Zusammengenommen, und das ist die vierte Einsicht, versinnbildlichen diese topographischen Eigenheiten wie die keiner anderen deutschen Stadt die gesellschaftliche, ökonomische und ökologische Verfasstheit unseres Landes. Zugespitzt: Die Form des Stuttgarter Talkessels sowie der Umgang mit dem Nesenbach stehen exemplarisch für unser Leben in der spätkapitalistischen, von sozialer Ungleichheit, Klimawandel und anderen Krisen geschüttelten Klassengesellschaft. Und mit dieser steilen These ab ins kalte Wasser.

Killesberg Baby

Eine biographische Bemerkung vorweg: Ich bin kein gebürtiger Stuttgarter, aber ab meinem vierten Lebensjahr hier aufgewachsen, genauer gesagt in Sillenbuch, einem circa 8000 Einwohner starken bürgerlichen Quartier im Südosten der Stadt. Der Ort liegt unweit vom Fernsehturm, am oberen, waldreichen Rand des Kessels – und das bedeutet fast zwangsläufig: Er ist wohlhabend. Der ehemalige Daimler-Boss Dieter Zetsche wohnt hier, der langjährige Stuttgarter Oberbürgermeister Manfred Rommel war in Sillenbuch zu Hause, ja sogar die berühmte Sozialistin und Begründerin des Internationalen Frauentags Clara Zetkin zog aus der muffigen Stuttgarter Innenstadt hier hoch, als ihre finanziellen Verhältnisse es zuließen, Rosa Luxemburg kam regelmäßig zum Blumengießen. Wer es sich leisten kann, das mögen bereits diese wenigen Beispiele zeigen, der wohnt in Stuttgart in einer der Höhenlagen, wo die Luftqualität besser ist als unten im Kessel, wo der Blick weiter schweifen kann und der Weg ins Grüne vergleichsweise nah ist.

Ich weiß, ich leb mit den Reichen nicht unter einem Dach,
Die wohnen alle am Berg, ich bin aus Heslach,

heißt es entsprechend in dem Song »Killesberg Baby« des mit den Fantastischen Vier bekannt gewordenen Rappers Thomas D. Auch wer noch nie in Stuttgart war und mit der sozialen Obertonreihe der Ortsteilnamen nicht vertraut ist, wird die Verschränkung von Topographie und Status unmittelbar begreifen: Wer oben auf dem sonnigen Killesberg wohnt, dem geht es in aller Regel auch finanziell spitze – wer hingegen im feuchtklammen Talgrund lebt, gar im proletarischen Heslach, dem steht das Wasser, wie man sagt, auch in wirtschaftlicher Hinsicht oftmals bis zum Hals.

Fast alle europäischen Städte kennen eine solche toposoziale Spaltung: Spätestens seit der industriellen Revolution war für die Lebens- und Lungenqualität der Metropolenbewohner entscheidend, ob sie auf der Lee- oder der Luvseite der Fabrikschlote wohnten. »Selbstverständlich«, schreibt der Stuttgarter Schriftsteller Manfred Esser im *Ostend-Roman*, »die schwere Industrie siedelt gemäß den vorherrschenden Südwest- oder Nordwestwinden im Osten unserer Städte, aber …« Aber in Stuttgart, könnte man ergänzen, kommt zu dieser horizontalen Unterteilung noch eine vertikale Dimension dazu: Hier unterscheidet man nicht nur das proletarische Ostend und das privilegierte Westend, hier gibt es nicht bloß die sozial benachteiligten *East End Boys* und die poshen *West End Girls* – hier existiert auch noch die ebenso handfeste wie sinnfällige Spaltung in oben und unten.

Nicht von ungefähr befindet sich eine der sündhaft teuersten Wohnlagen der Stadt, ebender von Thomas D betextete Killesberg, am oberen und westlichen Rand des Kessels – der Bezirk Ostheim hingegen, der Ende des neunzehnten Jahrhunderts als Arbeitersiedlung gegründet wurde, liegt deutlich tiefer und, wie der Name schon sagt, im Osten der Stadt; die sogenannten sozialen Brennpunkte befinden sich von hier aus gesehen neckarabwärts, folglich ebenfalls alle im Tal. In Anlehnung an ein Bonmot von Sigmund Freud könnte man sagen:

Die Topographie ist das Schicksal. Wer ökonomisch ganz unten gelandet ist, der findet – wie eine Wanderung aus dem Stuttgarter Kessel in Richtung der Höhenlagen eindrücklich zeigt – nur mit Mühe nach oben.

Lasst alle Hoffnung fahren

Was gern übersehen oder strategisch in Abrede gestellt wird: Nicht nur Stuttgart, nein, ganz Deutschland ist immer noch in soziale Schichten beziehungsweise, um den alten sozialistischen Kampfbegriff zu verwenden, in Klassen aufgeteilt. »Zieht man die Trennung von Produktionsmitteln und die abhängige Lohnarbeit als Kriterien heran«, schreiben Maria Barankow und Christian Baron in dem von ihnen herausgegebenen Band *Klasse und Kampf*, »dann war der Grad an Ausbeutung in der Geschichte der Bundesrepublik Deutschland sogar nie größer als heute.«

Tatsächlich nehmen die Vermögens- und Einkommensunterschiede immer weiter zu: Das reichste Prozent der Bundesdeutschen verfügt über fast ein Drittel des Volksvermögens – dem stehen mehr als fünf Millionen Menschen gegenüber, die auf staatliche Grundsicherung angewiesen sind, eine Million Menschen sind dauerhaft ohne Beschäftigung, geschätzte 700 000 sind wohnungslos. Am meisten Grund zur Sorge haben aber diejenigen, denen eigentlich die Zukunft gehören sollte:

Jedes achte Kind wächst in einem Hartz-IV-Haushalt auf, mehr als jedes fünfte gilt als armutsgefährdet. In letzterer Hinsicht bewegt sich Stuttgart zwar eher im Mittelfeld, am stärksten von Armut gefährdet sind die Einwohner von Duisburg, Dortmund und Bremen – aber in keiner anderen Metropole ist das sprichwörtliche *Gefälle* zwischen Arm und Reich so plastisch sichtbar wie in der Stadt im Kessel.

Die Ungleichheit betrifft dabei nicht nur die finanzielle Situation, sondern auch Bereiche wie Gesundheit, Bildung, Wohnen, das sogenannte kulturelle Kapital. »Aber wie viele Leute aus armem und/oder nicht akademischem Elternhaus sitzen denn in den Macht- und Entscheidungspositionen der Dax-Konzerne, des Kulturbetriebs, der politischen Parteien?«, fragen Barankow und Baron – eine rhetorische Frage, klar, die Antwortet lautet: nur wenige. Im Vergleich zu anderen Industrienationen ist die soziale Mobilität in Deutschland nur gering, die Chancen, aus eigener Kraft auf den Killesberg zu kommen, sind bescheiden. Ich selbst hatte das Privileg, in einem Einfamilienhaus am oberen Stadtrand aufzuwachsen, weil meine Eltern dort wohnten, und meine Eltern hatten das Privileg, dort wohnen zu können, weil mein Großvater mütterlicherseits das Haus gebaut hatte. Er war Architekt, mithin bereits Akademiker: Auch Bildungsbiographien fußen meist auf bestehendem Fundament.

In dem humanistischen Gymnasium, das ich später besuchte, eine ähnliche Situation: Die Schule befand sich zwar unten im Kessel, aber fast kein Schüler kam aus der Nachbarschaft, so gut wie alle meine Klassenkameraden hatten einen vergleichbaren Schulweg und sozioökonomischen Hintergrund wie ich, sie lebten oben in den glückseligen Gefilden. Nur drei Kinder aus meiner Klasse hatten, was man später einen Migrationshintergrund nennen sollte, und nur ein Mitschüler kam, wie man heute sagen würde, aus einem bildungsfernen Milieu.

Auch das ist bezeichnend: Die erste Fremdsprache an meiner Schule war Latein, die dritte Altgriechisch, das Tympanon über dem Eingang gemahnte an einen antiken Tempel, und auch die darunterstehende römische Jahreszahl sowie die ionischen Säulen, welche die Fenster einfassten, signalisierten überdeutlich: Hochkultur. *Lasciate ogni speranza voi ch'entrate,* zu Deutsch: Habt besser einen Verwandten mit Großem Latinum oder genügend Kleingeld für Nachhilfeunterricht, bevor ihr hier eintretet. Das Erklimmen der mächtigen Granitstufen zur Schulpforte erforderte nicht bloß ökonomisches, sondern vor allem auch symbolisches Kapital.

Die böse alte Hexis

In dieser Hinsicht dürfte mein Gymnasium emblematisch für die akademische Gesamtsituation sein: In Deutschland ist nach wie vor die Bildungsherkunft ein entscheidender Faktor dafür, ob ein Kind Abitur macht, ein Studium beginnt, einen akademischen Abschluss erlangt, vielleicht sogar promoviert – oder eben nicht. In relativen Zahlen betrachtet nehmen von 100 Akademikerkindern 79 ein Studium auf, bei den Nichtakademikerkindern sind es nur 21. Von den Akademikersprösslingen macht fast jeder zweite einen Masterabschluss, bei den Nichtakademikern sind es bloß acht Prozent. Bis zur Promotion gelangt schließlich jedes zehnte Kind aus einem Akademikerhaushalt, bei den Nichtakademikern ist es nur jedes hundertste. Und: Der akademische Abschluss korreliert nach wie vor mit dem Einkommen; wer einen Doktortitel hat, verdient im Schnitt beinahe doppelt so viel wie ein Berufstätiger mit abgeschlossener Lehre.

Verantwortlich für diese Ungleichheiten, die mit dem Begriff *Klassismus* kaum zureichend beschrieben sind, dürften nicht allein finanzielle, sondern vor allem habituelle Unterschiede sein: Als Hauptursache nennt der *Hochschulbildungsreport 2020*, dem die genannten Zahlen entstammen, »unbewusste und möglicherweise ungewollte Selbstselektivität«, also die Tatsache, dass Kinder aus nicht akademischen Milieus sich von vornherein als chancenloser einschätzen als ihre Mitschüler. Die Selbstwahrnehmung legt ihnen nahe, es mit dem Gymnasium, dem Bachelor, dem Master oder gar der Promotion erst gar nicht zu versuchen.

Der Soziologe Pierre Bourdieu hat für diese Haltung, die sich auch äußerlich, also in Gestik und Mimik äußert, den Begriff der *Hexis* geprägt: Der Ausdruck leitet sich von dem griechischen Wort ἕξις, »Zustand«, her und bezeichnet ein Bündel von körperlichen Prägungen, die so stark verinnerlicht sind, dass man sie nicht mehr abschütteln kann; da sie gewissermaßen in den Körper eingeschrieben sind, geben sie Aufschluss über die Geschichte und gesellschaftliche Stellung des jeweiligen Menschen. Um es in das oben eingeführte stratifikatorische Bild zu fassen: Wer aus einem Akademikerhaushalt kommt, trägt die Nase schon qua Herkunft ein bisschen höher – wer keinen solchen Background hat, duckt sich lieber vorsorglich in den Talgrund. Und sollte er sich doch auf den beschwerlichen Marsch durch die Institutionen nach oben machen, muss er erst einmal etliche Höhenmeter wettmachen, bevor er das Ausgangsniveau seiner privilegierteren Konkurrenten erreicht.

In der Wertschöpfungskurve

Wenn man mit dem Motorsegler eine weitere Kurve über dem Tal dreht und die Stadt noch einmal mit etwas Abstand betrachtet, so wird klar: Die geographische Beschaffenheit von Stuttgart kann nicht nur für die sozialen und akademischen Unwuchten innerhalb der deutschen Gesellschaft stehen, sondern sogar für die Wertschöpfungskurve der gesamten Weltwirtschaft. Schließlich zeichnet sich auch diese durch eklatante Höhenunterschiede in den erzielten Gewinnmargen aus – anders gesagt: Sie beschreibt eine konkave Kurve, ein U. Einen Kessel.

Um dies zu erläutern, muss man auch historisch ein bisschen herauszoomen. In der traditionellen Industrieordnung, wie man sie nicht zuletzt vom produzierenden Gewerbe im Neckartal kennt, lagen die Orte, an denen ein Produkt entworfen, hergestellt und schließlich verkauft wurde, mehr oder weniger dicht beieinander: Gottlieb Daimler baute mit Wilhelm Maybach in seinem Gewächshaus in Bad Cannstatt den Prototyp der Motorkutsche zusammen; die erste Daimler-Produktionsstätte befand sich nur wenige Meter weiter; zu den frühesten Kunden zählte der Ehemann von Clara Zetkin, die beiden fuhren als erste Autobesitzer des Ortes mit einem Daimler-Cabriolet durch Sillenbuch.

Mit dem Abbau von Handelsschranken seit dem Zweiten Weltkrieg und der darauf folgenden Globalisierung, die ihren wohl prägendsten Ausdruck in der Gründung der World Trade Organization 1994 fand, drifteten diese drei Aspekte – Entwurf, Herstellung und Verkauf – geographisch jedoch immer weiter auseinander. So ist es heute absolut üblich, dass ein Kleidungsstück in Skandinavien entworfen, in Kambodscha zusammengenäht und schließlich in Stuttgart verkauft wird, von Gegenständen der Unterhaltungselektronik ganz zu schweigen. Das einstige Gütesiegel *Made in Germany* ist entsprechend längst Slogans wie *Designed in Sweden, Designed with Love in Denmark* oder dem unvermeidlichen *Designed by Apple in California* gewichen: Entscheidend ist nicht mehr, wer die Sachen schneidert, schweißt oder zusammensetzt – entscheidend ist, wer die Patente und Entwurfsrechte besitzt und wer das Produkt am Ende kaufen und verkaufen kann. Die höchsten Profite werden am Anfang und Ende dieser Kurve gemacht – die Arbeiter in der Mitte kratzen am ökonomischen Topfboden, am unteren Scheitelpunkt der Wertschöpfungskurve.

Auch in Stuttgart befinden sich die großen Entwurfslaboratorien – der universitäre Forschungscampus in Vaihingen, die Kunstakademie oder die Weißenhof-Siedlung – entsprechend oben am Kesselrand. Die Produktionsstätten von Daimler, Porsche und Bosch liegen mehrheitlich am Neckar beziehungsweise im Feuerbacher Tal. Die Garagen, vor denen nachher ein Porsche Cayenne oder Mercedes GLS parkt, dürften sich hingegen wieder vorwiegend in den gut gelüfteten Höhenlagen befinden. Zusammenfassend gesagt: Wenn man die Topographie von Stuttgart im Querschnitt betrachtet, sieht sie aus wie ein Diagramm zur Veranschaulichung der Wertschöpfungskurve im globalisierten Kapitalismus. Fast könnte man meinen, dass sie zu ebendiesem Zweck von den unsichtbaren Kräften des Marktes geformt wurde – wenn man nicht wüsste, dass der Nesenbach dafür verantwortlich ist.

Zu den Quellen

Aber wer weiß das schon? Eine kurze, nicht repräsentative Umfrage unter meiner aus Nordrhein-Westfalen stammenden Frau sowie unseren in Berlin geborenen Kindern ergibt: außerhalb von Stuttgart – niemand. Die tragende Rolle des Nesenbachs bei der Entstehung der Stuttgarter Bucht ist weithin unbekannt, und wenn die Frage aufkommt, an welchem Fluss die Stadt eigentlich liegt, fällt der Verdacht fälschlicherweise auf den Neckar.

Allerdings ist der Nesenbach – anders als zum Beispiel die Isar, die Spree, die Alster, die Elbe oder der Main – eben tatsächlich vollkommen unsichtbar: ein Alleinstellungsmerkmal unter deutschen Metropolengewässern. In all den Jahren, die ich in Stuttgart gelebt habe, ist mir, soweit ich mich erinnere, nie auch nur ein Tropfen seines Wassers zu Gesicht gekommen, und das, obwohl er unmittelbar neben dem Gebäude meiner Schule verläuft. Ein paar Tage nach meinem Flug über Stuttgart, die ersten Spätsommerregenwolken hängen mittlerweile grau über dem Kessel, beschließe ich, diesem Zustand endlich Abhilfe zu schaffen. Ich mache mich auf die Suche nach den Ursprüngen des Bachs.

Mein Weg führt zunächst nach Vaihingen, auf die Hochebene südwestlich des Kessels, wo sich die erwähnten technisch-naturwissenschaftlichen Institute befinden – außerdem die Quellwiesen des Nesenbachs, die, wie ich meinem alten Stadtplan entnehme, auf die malerische Flurbezeichnung Honigwiesen hören. Tatsächlich finde ich die nach ihnen benannte Honigwiesenstraße sofort – sie macht ihrem Namen aber allenfalls zu einem Drittel Ehre: Ich sehe keinen Honig, keine Wiesen, nur Straße, gründlich versiegelte Grundstücke, gepflasterte Carports, gekieste Vorgärten, das ganze Programm aus dem Baumarktkatalog. *Suburbia is where they cut down the trees and name the streets after them,* besagt ein amerikanisches Sprichwort – adaptiert für den deutschen Kontext könnte man sagen: Unsere Vororte zeichnen sich dadurch aus, dass dort die Wiesen asphaltiert und die Straßen nach ihnen benannt werden … Doch halt! Auf der Nordseite, parallel zur Honigwiesenstraße, durch die dort befindlichen Gebäude zunächst verborgen, befindet sich eine Grünanlage – und in ihrer Mitte verläuft tatsächlich ein metertiefer, grasüberwucherter Versickerungsgraben: der Ursprung des Nesenbachs!

Oder zumindest dessen Simulation: Erst vor ein paar Jahren, so entnehme ich einem daneben gepflanzten Hinweisschild, wurde der Graben ausgebaggert, um an das Gewässer zu erinnern. Überhaupt steht, wenn man dem Graben Richtung Innenstadt folgt, plötzlich alle paar Meter eine Tafel, auf welcher der Nesenbach wahlweise historisch erklärt oder hymnisch gefeiert wird, bevorzugt in schwäbischer Mundart:

Stuagert g'hört zom Nesabach
So ists ond so wirds sei'

Wia Heidelberg zum Necker g'hört
Ond Offe'bach zom Mai'.

Auch die Kunst im öffentlichen Raum kommt nicht zu kurz: Ein paar Meter bachabwärts sehe ich eine Skulpturengruppe namens »Die Nesenbachsucher«, vier abstrahierte Figuren aus Holz beugen sich ratlos über den Graben, werden aber nicht fündig – kein Tröpfchen, nirgends; zumindest zu dieser Jahreszeit führt die Wiese kein Wasser. Konsequenterweise verschwindet die Nesenbachimitation an der nächsten Querstraße vollständig unter dem Asphalt, und ich fühle mich abermals in meiner These bestätigt, dass sich die Verkehrswegbenennungsstrategie in deutschen Vororten umgekehrt proportional zur Realität verhält: Die Straße heißt *Bachstraße* – der Bach hingegen endet exakt dort, wo sie beginnt.

Ich gehe, ebenfalls Nesenbachsucher, wegen akuter Rückenprobleme ähnlich gebeugt wie die Holzfiguren, weiter talwärts – und werde tatsächlich ein paar hundert Meter weiter talwärts wieder fündig. Vor dem Haus mit der Nummer 19, mitten auf der Straße, höre ich ein entferntes Gluckern und Rauschen. Ich knie mich auf die Fahrbahn, drehe den Kopf, senke die Wange zum Asphalt, schließe die Augen – und spüre tatsächlich einen warmen Lufthauch: Er entströmt einem vielleicht fünfmarkstückgroßen gusseisernen Loch, einer Schachtabdeckung, Deutsche Industrienorm 19584/-2, vulgo: Kanaldeckel. Das Aroma, welches die feuchtwarme Brise begleitet, erkenne ich sofort – was dort unten plätschert und müffelt, so schließe ich messerscharf, sind die sterblichen Reste des Nesenbachs.

Entsorgungsberechtigter

Wie in vielen Großstädten der Welt wurde auch in Stuttgart das örtliche Fließgewässer seit jeher in vielfältiger Weise von den Menschen genutzt: Der Nesenbach trieb die Mühlen an, er speiste den Schlossgraben, sein Wasser diente zum Trinken, Bierbrauen, Baden, Waschen und Feuerlöschen, man nutzte sein Bett als Abwasserkanal sowie um Diebe oder überschüssige Katzenbabys und Hundewelpen darin zu versenken. Anders gesagt: Der Bach war Versorgungs- und Entsorgungskanal zugleich, Nahrungsspender und Abführmittel, Arterie und Enddarm.

Das dabei entstandene Gemenge aus Blut, Kot und Unflat entwickelte nun, wie man sich unschwer vorstellen kann, vor allem in trockenen Sommern ein gewisses olfaktorisches Problempotenzial – oder wie es ein Mitarbeiter der Stadtentwässerung Stuttgart mir gegenüber ein paar Tage später unverblümt auf den Punkt bringt: »Nô hôt's âgfângâ dsch'denga!« Wegen dieses Gestanks, aber auch aufgrund des ohnehin knapp bemessenen Raums im Stuttgarter Kessel, beschloss man, den Bach nach Maultaschenart einzupacken, ihn zu überdeckeln: In der zweiten Hälfte des neunzehnten

Jahrhunderts wurde mit der Verdolung des Nesenbachs begonnen, Anfang des zwanzigsten war er bereits im ganzen bebauten Stadtgebiet überwölbt, seit 1970 verläuft er auf seiner gesamten Länge, von den Quellwiesen bis zur Mündung in den Neckar, unterirdisch.

Seine Rolle hat sich unterdessen grundlegend gewandelt: Die einstmals nährenden, reinigenden, energiespendenden Aspekte des Gewässers sind gänzlich seiner Funktion als Entsorgungsberechtigter gewichen, der Nesenbach ist heute schlicht und ergreifend das dickste Kanalrohr der Stadt. Sämtliche Flüssigkeiten, die im inneren Stadtgebiet in den Ausguss gekippt, ins Klo gedrückt oder in den Rinnstein geschüttet werden, landen in dem knapp acht Meter breiten und fünfzehn Meter unter der Erde verlaufenden Hauptsammler. Wenn man wissen will, wo der Nesenbach verläuft, muss man nur den Kanaldeckeln folgen: immer der Nase nach.

Dieser pragmatische Umgang mit dem Nesenbach ist nun in dreierlei Hinsicht bezeichnend – und weist damit weit über das dreißig Quadratkilometer umfassende Einzugsgebiet des Abwasser-Hauptsammlers hinaus. Zum einen ist die Verschmutzung und Verdolung des Baches typisch für den funktionalistischen Umgang moderner Industriegesellschaften mit der Natur: Diese wird wahlweise als nachwachsende, dem Menschen und seinen Bedürfnissen zur Verfügung stehende Ressource oder als Endlager für seine zivilisatorischen Kollateralschäden begriffen – nie aber als Selbstzweck oder gar, etwa im Sinne der Gaia-Theorie des Philosophen

Bruno Latour, als eine zu respektierende Größe, die wir mit der nicht menschlichen Umwelt gemeinsam bewohnen und teilen.

Die Natur ist innerhalb dieser Logik immer das Andere, von der Kultur Unterschiedene – und wenn sie verschlissen oder erschöpft ist, wird sie auf ihre räumliche Speicherfunktion reduziert, zur reinen Negativität: Sie wird zur Abraumhalde, zum Auffangbecken, Hauptsammler oder Endlager. *Earth Overshoot Day*, Weltüberlastungstag nennt man seit ein paar Jahrzehnten jenen Tag, an dem die Ressourcen der Erde und ihre Fähigkeiten zur Regeneration für das laufende Jahr erschöpft sind, ab dem der Planet auf Verschleiß gefahren wird. 2021 fiel dieser Tag auf den 29. Juli – im Stuttgarter Talkessel war er, zumindest in Bezug auf den Nesenbach, bereits im neunzehnten Jahrhundert erreicht.

Paradoxerweise soll die dergestalt missbrauchte Umwelt dabei aber möglichst den Anschein der Ursprünglichkeit wahren, zumindest im naturromantisch geprägten Deutschland: Wir verschiffen daher unsere Recyclingabfälle nach Südostasien, renaturieren unsere Mülldeponien, lassen Gras über die Sache wachsen – aus den Augen, aus dem Sinn. Auch für dieses Vorgehen kann der Umgang mit dem Nesenbach als Leitfossil dienen: Seit ein paar Jahren verläuft ein Teil des Baches – nicht nur auf Höhe der Honigwiesen, auch weiter talwärts – wieder oberirdisch: zwischen Kaltental und Heslach in natürlich anmutenden Mäandern, innerhalb des Stadtgebiets in schnurgerade gemauerten Rinnsteinen. Allerdings handelt es sich hierbei bloß um eine

Täuschung, eine schwäbisch-potemkinsche Fassade; in der Begrifflichkeit des Philosophen Jean Baudrillard könnte man auch sagen: ein »Simulacrum«, eine Kopie, die vom Original nicht mehr zu unterscheiden ist.

Das vollmundig als »Nesenbach« bezeichnete Bächlein sieht zwar aus wie das gleichnamige Gewässer, verläuft auch auf historisch korrekter Route – ist aber nicht mit dem eigentlichen Nesenbach identisch, es verhält sich zu diesem wie »Stuttgart« zu Stuttgart: Sein Wasser quillt nicht in den Honigwiesen, es kommt (zum Glück, muss man sagen) auch nicht aus dem Hauptsammler, sondern entspringt vergleichsweise sauberen Nebenbächen oder der städtischen Trinkwasserversorgung. Das genuine Wasser des Nesenbachs würde wohl kaum jemand sehen, riechen oder gar schmecken wollen. Die Wahrheit ist dem Menschen nicht zumutbar.

Entleerte Geschichte

Was die eingangs beschriebenen sozialen Differenzen angeht, ist der Umgang mit dem Nesenbach ebenfalls bezeichnend: Die Höhenunterschiede im Stuttgarter Kessel wurden durch die Unsichtbarmachung des Gewässers nämlich gewissermaßen naturalisiert – oder, wie man in der Begrifflichkeit des französischen Philosophen Roland Barthes sagen könnte: Sie werden zum Mythos. Auch dieser argumentative Nebenlauf ist vermutlich nicht auf Anhieb nesenbachwasserklar und bedarf daher einer kurzen Erläuterung.

Die Aufgabe eines Mythos, so Barthes, bestehe darin, »eine historische Intention in Natur, etwas Zufälliges als Ewiges zu begründen. (...) Die Dinge verlieren in ihm die Erinnerung daran, dass sie hergestellt worden sind«, anders gesagt: Sie wirken überzeitlich, unveränderbar, so als könnten sie gar nicht anders sein. Diese Funktion teilt der Mythos mit der kapitalistischen Ideologie, der ebenfalls daran gelegen ist, die herrschenden Zustände als etwas Natürliches oder Gottgegebenes erscheinen zu lassen – auf jeden Fall als etwas, das keine Spuren seiner historischen oder sozioökonomischen Genealogie in sich trägt: *Es gibt eben oben und unten. Im Tierreich sind auch nicht alle gleich. Die Verhältnisse, sie sind halt so.* »Ein Zaubertrick«, schreibt Barthes, »hat das Reale umgestülpt, hat es von Geschichte entleert und mit Natur gefüllt.«

Es ist unschwer, hierin neben einer Beschreibung der neoliberalen Ideologie auch ein Modell des Stuttgarter Talkessels zu erkennen: Die Indizien für die historische Gewordenheit dieser Landschaft, für ihre gewaltigen Höhenunterschiede sind wie von Zauberhand verschwunden. Der Kessel ist gewissermaßen von seiner Erd-Geschichte entleert, ist mit neuen, natürlich wirkenden Bauwerken gefüllt worden – das eigentliche Nesenbachwasser, die treibende Kraft, die all das geschaffen hat, wurde ins Unbewusste der Stadt verdrängt. Zugegeben, es gibt immer wieder Versuche, das Verdrängte sichtbar zu machen, den Bachlauf zurück ins

Bewusstsein zu holen, siehe die neu angelegten oberirdischen Gräben und Kanäle. Doch schaffen sie dadurch nur einen neuen Mythos: die Illusion nämlich, dass der Lauf der Geschichte harmonisch und sauber ist. Quellwasserklar. Kontrolliert, in einem vorgegebenen Bachbett.

Vogel-Strauß-Architektur

Drittens und nicht zuletzt zeigt die Verdrängung des Nesenbachs eines: Die Neigung, Verkehrswege und andere Vitalfunktionen unter Tage zu legen, hat in Stuttgart eine lange Tradition, sie gehört gewissermaßen zur DNA-Spindel der Stadt. »Ersetzt die reichste Großstadt der Welt durch Tiefe, was ihr an Breite fehlt?«, fragte schon Ende der Siebziger der Schriftsteller Manfred Esser. Die Frage kann getrost bejaht werden: Die Enge der Stuttgarter Bucht verleitete die Kesselbewohner immer wieder dazu, anstatt in der Horizontalen in der Vertikalen zu bauen – gelegentlich in die Höhe wie beim Tagblatt-Turm, bevorzugt aber nach unten.

Dies betrifft vor allem den Schienenverkehr: Zu meiner Schulzeit verkehrten die Straßenbahnen zwischen den oberen Randlagen und dem Zentrum im Tal noch oberirdisch. Die Strecke auf der Neuen Weinsteige zum Beispiel, die den Vorort Degerloch mit der südlichen Innenstadt verband und sich dabei durch sandsteingesäumte Weinberge wand, galt als eine der schönsten Tramstrecken Europas; der Schriftstellerin Sibylle Lewitscharoff erschien hier, in einem Wagen der Linie 6, beim Blick über den Kessel sogar einmal der liebe Gott persönlich, allerdings befand sie sich dabei auch gerade auf einem LSD-Trip. Seit 1990 verläuft die Strecke nun unterirdisch, Begegnungen mit höheren Wesen sind mithin ausgeschlossen – wer den Ausblick genießen will, muss schon das Auto nehmen und sich in den Stau auf der B 27 stellen.

Das aktuelle Milliardengrab am Stuttgarter Hauptbahnhof stellt nun die logische Fortführung und mutmaßliche Vollendung dieser Tendenz zur Tiefe dar. Die Baustelle sticht auch aus dem gebührenden Abstand von tausend Metern Flughöhe unmittelbar ins Auge, und zwar nicht bloß wegen ihrer gargantuösen Ausmaße, sondern vor allem wegen ihrer Ausrichtung. Die gesamte Anlage der Innenstadt – so wird mir beim Blick aus dem Plexiglasfenster der Super Dimona erstmals bewusst – folgt mit erstaunlicher Akkuratesse dem verborgenen Bach: Die Bundesstraße 14, welche die Stadt von Südwesten nach Nordosten als Hauptverkehrsader durchzieht, verläuft auf dem Deckel des Abwasserkanals; die staatlich geprüften Erfrischungsquellen der Kultur – Staatsgalerie, Oper, Schauspielhaus – liegen unmittelbar daneben; die streng geometrischen, in Betontröge gefassten Seen und Wasserspiele im Schlossgarten sind vermutlich in Erinnerung daran hier hingegossen worden, dass sich hier einst die Schwemmwiesen des Nesenbachs befanden; und auch das oberirdische, derzeit noch genutzte Gleisbett neben dem Park verläuft genau parallel zur Fließrichtung des Kanals.

Die neuen Tiefbahnsteige und -gleise des Stuttgarter Hauptbahnhofs hingegen widersetzen sich geradezu provokativ der herrschenden Hydrologik: Sie verlaufen trotzig in einem Neunzig-Grad-Winkel zum Rest der Stadt, das Trogbauwerk, welches den neuen Tiefbahnhof beherbergen soll, steht wie ein Staudamm quer zum Talabfluss – das Wasser des Nesenbach-Hauptsammlers, das natürlich weiterhin munter talwärts rauschen wird, muss daher in einem zweiundzwanzig Meter tiefen Düker unter der neuen Bahnhofshalle hindurchgepresst werden. Nun muss man sich bei städtebaulichen Planungen nicht zwingend nach dem Willen eines verdreckten, versteckten und mutmaßlich nicht vernunftbegabten Baches richten. Es stellt sich aber schon die Frage, ob in Zeiten einer galoppierenden Klimakrise, die ein grundsätzliches Umschwenken in puncto Nah- und Fernverkehr zeitnah und zwingend nötig macht, eine solche Vogel-Strauß-Architektur der richtige Weg ist.

Anti-Antifragilität

Dass die globale Erhitzung tatsächlich noch »aufgehalten« werden kann, erscheint mittlerweile illusorisch, der mantraartig von Politikerseite vorgetragene Vorsatz, man wolle sie auf zwei Grad Celsius im Vergleich zum vorindustriellen Zeitalter begrenzen, bestenfalls naiv. Die Klimakatastrophe mit ihren gravierenden ökologischen, gesundheitlichen und politischen Folgen scheint, so schrecklich das klingen mag, so sicher wie das Amen in der Stiftskirche. »Wer jünger als sechzig ist, hat gute Chancen, Zeuge der radikalen Destabilisierung des Lebens auf der Erde zu werden«, schreibt der amerikanische Schriftsteller Jonathan Franzen in seinem Essay *Wann hören wir auf, uns etwas vorzumachen?* »Wer unter dreißig ist, wird fast garantiert Zeuge all dessen sein.«

Das heißt nun keineswegs, dass man sämtliche Klimaschutzbemühungen getrost einstellen kann, weil das Kind, wie Franzen lapidar feststellt, »in den Brunnen gefallen« ist. Es bedeutet aber durchaus, dass wir uns in praktischer Hinsicht auf schwer zu prognostizierende, sich radikal destabilisierende Verhältnisse einstellen müssen. Unsere politischen und gesellschaftlichen Systeme müssen, um ein zeitgenössisches Schlagwort zu bemühen, antifragil werden, will meinen: Sie sollten in der Lage sein, auch verschlechterten Lebensbedingungen standzuhalten, sich ihnen anzupassen, ja idealerweise sogar von ihnen zu profitieren. »Antifragilität«, schreibt der Philosoph und Risikoforscher Nassim Nicholas Taleb in seinem gleichnamigen Buch, sei »mehr als Resilienz oder Robustheit. Das Resiliente, das Widerstandsfähige widersteht Schocks und bleibt sich gleich; das Antifragile wird besser.«

Der neue Stuttgarter Hauptbahnhof erfüllt diese Kriterien nun in mehrfacher Hinsicht nicht – er ist, wenn man so will, der Inbegriff der Anti-Antifragilität. Das erste Problem stellt die mangelnde räumliche Ausdehnungsmöglichkeit des Bauwerks dar. Eigentlich würde der Klimawandel eine massive Umschichtung des Verkehrs auf die Schiene erfordern: Gemäß dem 2020 von der Bundesregierung und Vertretern der Wirtschaft beschlossenen »Schienenpakt« soll der Anteil des Güterverkehrs auf der Schiene bis 2030 auf 25 Prozent wachsen, im Personenverkehr soll sich die Anzahl der Kunden im selben Zeitraum sogar auf über 300 Millionen pro Jahr verdoppeln. Das Tiefbahnhofprojekt S 21 weist nun von seiner baulichen Grundstruktur her in die entgegengesetzte Richtung: Die Zahl der Gleise wird, im Vergleich zum oberirdischen Bahnhof, von sechzehn auf acht halbiert; und da der Platz im Untergrund naturgemäß begrenzt ist, ist diese Beschränkung, im wahrsten Sinne des Wortes, auf unabsehbare Zeit festzementiert. Flexibilität sieht anders aus.

Das zweite Problem betrifft die mangelnde Resilienz solch unterirdischer Bauwerke gegen Extremwetterereignisse wie Starkregen. Im Frühsommer 2021, ein gutes halbes Jahr nach Inbetriebnahme des genannten Nesenbach-Dükers, fielen bei einem Gewitter innerhalb einer Stunde circa zehn Liter Wasser pro Quadratmeter. Die Kanalisation konnte die Massen nicht mehr aufnehmen, das Wasser stand auf Höhe des Bahnhofs bis zu dreißig Zentimeter hoch, in Bad Cannstatt riss die Flutwelle ein Baugerüst um, ein Arbeiter kam ums Leben. »Ich träumte heute Nacht«, heißt es entsprechend in dem wenige Monate später uraufgeführten Straßenoratorium *Nesenbach* von Susanne Hinkelbein,

der Bach beginne aufzumucken,
und alles, was er hat geschluckt,
uns vor die Tür zu spucken.
Ich seh es kommen, eines Tages,
morgen, irgendwann,
da wird ihm schlecht, dem armen Bach,
er fängt das Kotzen an.

Die Interpretation solcher Wetterereignisse fällt, wenig überraschend, unterschiedlich aus, je nachdem, ob man Gegner oder Apologeten des Bahnhofsneubaus konsultiert. S-21-Kritiker fühlen sich in ihrer Auffassung bestätigt, dass der Tiefbahnhof eine milliardenschwere verkehrspolitische Dummheit sei – Befürworter argumentieren, dass keine Großstadt der Welt gegen Naturkatastrophen gefeit sei, und im Übrigen sei das Problem bei dem Hochwasser im Frühjahr '21 sowieso nicht der unzureichend bemessene Düker gewesen, sondern ein verstopfter Gully.

Unstrittig ist, dass vergleichbare Extremwetterlagen infolge des Klimawandels in Zukunft zunehmen werden – und dass Stuttgart aufgrund seiner topographischen Lage und der hohen Flächenversiegelung von ihnen stärker betroffen sein wird als andere Orte. Schon jetzt gilt die Stadt als Metropole mit dem höchsten Starkregenrisiko in ganz Deutschland: Auch in dieser

Hinsicht ist Stuttgart ein Zukunftslabor, ein Reagenzglas. Ein Kessel mit doppeltem Boden.

Treffpunkt Halbhöhenlage

Ein letzter Blick aus dem Flugzeugfenster, auf Wälder und Weinberge. Es gibt, auch wenn ich dies im Vorangegangenen vereinfachend dargestellt haben sollte, in Stuttgart natürlich nicht nur oben und unten, S-21-Fans und Tiefbahnhofsgegner, Zukunftsoptimisten und Apokalyptiker – es gibt auch unzählige Schattierungen dazwischen, Graustufen, Grenzgänger, Dialektiker. Auch für dieses Zwischenreich bietet die Topographie von Stuttgart dankenswerterweise ein Modell: Es handelt sich um die sogenannte Halbhöhenlage.

Zur Erklärung: Die Halbhöhenlage ist eine Stuttgarter Spezialität, ein topographisches Alleinstellungsmerkmal. Die damit bezeichneten Wohngebiete liegen, wie der Name schon sagt, weder unten im Kessel noch oben auf dem Berg, sondern irgendwo dazwischen, in der Regel auf einer Meereshöhe von 300 bis 420 Metern. Auch wenn die ersten, seit Mitte des neunzehnten Jahrhunderts hier errichteten Häuser dem Bürgertum vorbehalten waren, handelt es sich nicht unbedingt um eine exklusive Wohnlage mit geschlossenen Villenvierteln wie in anderen Städten: Der Bauhistoriker Jörg Haspel spricht von einer spezifischen »Stuttgarter Mischung«, die sich hier etabliert habe. Heute leben um die 75 000 Menschen in diesem Bereich, er nimmt etwa ein Zwanzigstel des Stadtgebiets ein.

Die Halbhöhenlage stellt nun, wenn man sie metaphorisch deutet, einen Mittelweg dar, oder vielleicht auch einen Treffpunkt: Sie ermöglicht die Versöhnung scheinbar unvereinbarer Extreme, sei es die sozialtopographisch aufgeladene Spannung zwischen Berg und Tal oder der Streit zwischen Bahnhofsgegnern, die »Oben bleiben!« rufen, und Tiefbahnhofsbefürwortern, die »I ♥ S21«-Buttons tragen und »OBEN OHNE!« fordern.

Bleib nicht auf ebnem Feld!
Steig nicht zu hoch hinaus!
Am schönsten sieht die Welt
Von halber Höhe aus,

reimte schon Friedrich Nietzsche – fast könnte man meinen, der Philosoph hätte dabei den Stuttgarter Talkessel vor Augen gehabt. Die Halbhöhenlage eröffnet die Möglichkeit zur wohlwollenden Distanz, zu einer Simultanität von Ferne und Nähe: Sie erlaubt es dem Betrachtenden, sich gleichzeitig in der Stadt aufzuhalten und sie von außen zu betrachten. Eine beinahe mystische Erfahrung – ich kenne keine andere Stadt, deren Topographie eine solch kritisch-identifikatorische Selbstbetrachtung erlaubt. Wenn man die Halbhöhenlage als Metapher und Möglichkeit des Zusammenlebens ernst nimmt, dann, so wage ich zu behaupten, kann das zu einem selbst-bewussteren, harmonischeren urbanen Miteinander führen.

Die Stuttgarter wissen das, ahnen es zumindest. An lauen Abenden streben sie in Heerscharen aus dem Kessel nach oben oder, umgekehrt, von den Randlagen nach unten. Sie treffen sich auf halber Höhe, sitzen auf den alten Weinbergstreppen, auf Plätzen und Geländern, auf dem Schimmelhüttenweg, dem Sünderstäffele, der Karlshöhe, dem Eugensplatz, im Weißenburgpark oder ein paar Meter weiter unter der Schillereiche, wo der Dichter in jungen Jahren aus dem Manuskript zu den *Räubern* vorgelesen haben soll und heute ganz andere Papierchen gedreht werden.

Die beste Zeit, sich hier einzufinden, ist die blaue Stunde, jene kostbare Phase zwischen Abend und Nacht, Licht und Dunkelheit, die Halbhöhenlage des Tages. Wenn man den richtigen Ort erwischt, den richtigen Zeitpunkt, scheint für einen Augenblick alles in Balance. Dann flackert die Möglichkeit einer Stadt auf, in der alle auf einem Niveau sind. In der niemand Angst haben muss, sich auf dem Weg nach ganz unten zu befinden.

Prinzip Protest

Der Kessel brodelt, und der Rest der Republik reibt sich die Augen

Stuttgart: Ist das nicht diese brave Bionade-Biedermeier-Stadt im Südwesten, wo die Menschen allenfalls zum ordnungsgemäßen Vollzug der Kehrwoche auf die Straße gehen? Und ausgerechnet hier wird plötzlich lautstark, regelmäßig und mit beachtlichen Teilnehmerzahlen demonstriert? Erst, Stichwort »S 21«, gegen die Untertagelegung des örtlichen Hauptbahnhofs, dann, unter dem Kürzel »Querdenken 711«, gegen die Corona-Eindämmungsmaßnahmen der Bundesregierung und damit implizit auch gegen die von den Schwaben doch sonst so geschätzte Obrigkeit und bewährte demokratische Verfahren?

Hätten vergleichbare Proteste wie jene, die ab 2010 beziehungsweise 2020 die Stuttgarter Innenstadt erschütterten, sagen wir, im Hamburger Schanzenviertel stattgefunden, in einer der letzten noch nicht durchgentrifizierten Ecken von Berlin-Kreuzberg oder in Chemnitz, hätten sie mit Sicherheit auch breite mediale Aufmerksamkeit erfahren – aber wohl kaum so basses Erstaunen hervorgerufen wie ihr Auftreten in der baden-württembergischen Landeshauptstadt. Auf Außenstehende wirkte der Protest vermutlich so, wie wenn sich der unscheinbare Cousin dritten Grades, den keiner so richtig kennt, den aber alle aufgrund seines Äußeren für einen nerdigen Streber gehalten haben, auf einer Familienfeier als exzessiver THC-Konsument und wilder Partyschreck outet. Oder wenn der Kessel, in dem man bislang nichts weiter als Linsen mit Spätzle vermutete, sich plötzlich als Hexeneintopf entpuppt.

Der Kessel brodelt, kocht über, und sein Inhalt verteilt sich über das ganze Land: Die Proteste, die in Stuttgart ihren Ausgang nahmen, sollten sich als prägend für die gesamte Republik erweisen.

Ausweitung der Kampfzone

Natürlich unterscheiden sich die seit nunmehr weit über einem Jahrzehnt stattfindenden Montagsdemonstrationen gegen S 21 von den sogenannten »Querdenken 711«-Protesten, die nach rapide anschwellendem Bocksgesang dann doch erstaunlich schnell wieder abflauten; auf die teilweise gravierenden Differenzen zwischen den beiden Bewegungen wird weiter unten einzugehen sein. Davon abgesehen weisen sie aber auch gewisse Gemeinsamkeiten auf, welche die Demonstrationen, wie es der politische Soziologe Simon Teune formuliert, zu »Wegmarken für größere Veränderungen in der deutschen Protestlandschaft« machen.

Zum Ersten markierten die Demonstrationen, die ab 2010 beziehungsweise 2020 in Stuttgart stattfanden, eine in der Tat erstaunliche Verbreiterung und Verbürgerlichung des traditionellen Protestmilieus: Die Teilnehmerinnen und Teilnehmer rekrutierten sich nicht mehr aus den üblichen verdächtigen Organisationen – Gewerkschaften, Kirchen, Naturschutzverbände –, sondern es gingen Menschen auf die Straße, die noch nie oder zumindest schon lange nicht mehr auf einer Demonstration gewesen waren. Angehörige aller Altersgruppen und Schichten waren bei den Auseinandersetzungen um den Bahnhofsneubau zugegen und wurden von der Polizei mit aller Härte des Gesetzes (und teilweise weit darüber hinaus) bekämpft. Das bleibende Bild der S-21-Proteste dürfte das Foto eines alten Mannes sein, der am sogenannten Schwarzen Donnerstag im September 2010 von einem Wasserwerferstrahl voll ins Gesicht getroffen wurde und aus beiden Augen blutete. Insgesamt wurden bei dem Einsatz über 400 Menschen verletzt, darunter Schülerinnen und Schüler. Mein eigener, mittlerweile achtzigjähriger Vater, der mir früher nie als besonders protestaffin aufgefallen ist und meiner Erinnerung nach nie einen Ostermarsch oder Ähnliches besucht hat, radelt seit über zehn Jahren Woche um Woche in die Innenstadt, um gegen Stuttgart 21 zu demonstrieren. Das zeitgenössische Phänomen des Wutbürgers oder positiver gesagt des Mutbürgers wurde im Stuttgarter Talkessel geboren.

Mit dieser Ausweitung des Demonstrationsmilieus ging, zweitens, eine Vermengung von subkulturellen und politischen Gruppierungen einher, die man eigentlich für inkompatibel gehalten hatte, unvereinbar wie schwäbischer Kartoffelsalat und Mayonnaise. »Bekannte Rechtsextreme demonstrierten neben Hippies und Familien im Outdoor-Dress, Teilnehmende schwenkten auf der gleichen Veranstaltung die Reichsflagge und die Regenbogenfahne«, beschreibt Teune die ersten »Querdenken 711«-Proteste im Jahr 2020 – die Charakterisierung könnte aber auch für etliche andere Versammlungen der jüngsten Vergangenheit gelten. Vielleicht ist es kein Zufall, dass diese Assemblage unterschiedlicher Gesinnungen, Weltanschauungen und Symbole ausgerechnet in Stuttgart ihren Anfang nahm, jener Stadt, in der mit James Stirlings Staatsgalerie eines der stilbildenden Bauwerke der Postmoderne errichtet wurde: Es handelt sich bei den »Querdenken«-Protesten, in den Worten des Soziologen Oliver Nachtwey, um die erste »postmoderne Protestbewegung«. *Anything goes,* wie ein Schlagwort der Postmoderne lautet, alles ist möglich – solange man sich nur auf einen gemeinsamen Gegner einigen kann.

Dieser gemeinsame Gegner ist, drittens, eine politische Elite, die sich vermeintlich von den Interessen ihrer Wählerschaft – gern pathetisch als »Volk« tituliert – entfernt hat und stattdessen einem klandestinen System dient, das im Hintergrund die Strippen zieht.

Als ich im Sommer 2021 die Montagsdemo gegen S 21 auf dem Stuttgarter Schillerplatz besuche, reckt vor mir ein Demonstrant ein Schild in die Luft, das diesen Standpunkt recht bündig zusammenfasst: Es zeigt einen Hampelmann mit hochgezogenen Armen und Beinen, an der Schnur unter dem Torso hängt ein prall gefüllter Geldsack, darunter steht ein Zitat von Theodore Roosevelt, das sich besonders in Querdenker-Kreisen großer Beliebtheit erfreut: »Hinter der angeblichen Regierung thront eine unsichtbare Regierung, die die Menschen nicht anerkennt, ihnen gegenüber nicht verpflichtet ist und keinerlei Verantwortung übernimmt.« Wer genau den Geldsack an den Hampelmann geknotet hat und mithin aus dem Verborgenen die politischen Strippen zieht, lässt das Plakat offen (eine mörderische Traditionslinie assoziiert diese dubiosen Kräfte, wie man gerade in Stuttgart, der Heimat des historischen Joseph Süß Oppenheimer, weiß, mit dem Judentum). Die Aufgabe der Demonstrierenden hingegen ist klar: Sie müssen die unbequeme Wahrheit, welche die Herrschenden aus Machthunger oder Profitgier unterdrücken, enthüllen.

In der populären Bildhaftigkeit der *Matrix*-Filmreihe gesprochen: Sie müssen ihren Mitbürgern die rote Pille schmackhaft machen, die aus dem Verblendungszusammenhang ans Licht führt, und sie dadurch aus ihrem künstlich induzierten Koma reißen. Viele Teilnehmer der S-21-Proteste, schreibt die Soziologin Annette Ohme-Reinicke, beschrieben ihr sich allmählich entwickelndes politisches Bewusstsein als »Aufwachen«; die sich als Querdenker verstehenden Demonstranten wiederum verhöhnen Mitbürger, die sich an die Corona-Schutzmaßnahmen halten, gern als »Schlafschafe«. Das grundsätzliche epistemische Misstrauen, das hier zum Ausdruck kommt (alle anderen verschließen vor der Wahrheit die Augen, nur wir sind kritisch und hellwach!), hat, das zeigt nicht nur der Erfolg der *Matrix*-Filmreihe, in den vergangenen Jahren kontinuierlich zugenommen.

Vorsprung durch Technik

Ein vierter und letzter Punkt: Gerade die frühen Proteste gegen Stuttgart 21 waren, was die Organisation und Mobilisierung der Demonstranten angeht, auch informationstechnisch wegweisend. Bereits 2009 hatten die Bahnhofsgegner, wie der Autor Florian Kessler in seinem Buch *Mutbürger. Die Kunst des neuen Demonstrierens* hinweist, eine Anlaufstelle im Internet aufgebaut, bei der man sich mit seiner Mobilfunknummer registrieren und angeben konnte, ob man im Fall eines Baubeginns zu spontanen Blockademaßnahmen bereit wäre: eine Vorform heutiger Chatgruppen. Und der unverhältnismäßige Einsatz der Polizei am Schwarzen Donnerstag erreichte vor allem deswegen eine breite Öffentlichkeit, weil er von demonstrierenden Schülerinnen und Schülern mit Mobiltelefonen dokumentiert wurde.

Damit waren die jungen Stuttgarter, wie man in der Innovationsforschung sagt, Early Adopter – allgemeine Verbreitung fanden internetfähige und mit hochqualitativen Kameras ausgestattete Smartphones bekanntlich erst in der Dekade danach. Auch die heute allgegenwärtigen Messenger-Dienste steckten damals noch in den Babysocken: WhatsApp wurde 2009 gegründet, war aber in den ersten Jahren noch kostenpflichtig; den weitgehend unmoderierten, staatlichen Kontrollinstanzen entzogenen Nachrichten- und Mediendienst Telegram, der bei der Vernetzung und Informationsvergabe innerhalb der Querdenker-Szene eine große Rolle spielt, gibt es erst seit 2013; der Konkurrent Signal folgte 2014.

Heute wird bei Demonstrationen oft schon beim ersten Auftauchen staatlicher Ordnungskräfte das Smartphone gezückt (falls es sich nicht ohnehin dauerhaft in der Hand befindet) und deren Verhalten in Echtzeit in interessierte Kanäle und Chatgruppen gespeist; ja bisweilen kann man sich des Eindrucks nicht erwehren, dass Zusammenstöße mit der Polizei sogar bewusst provoziert oder zumindest billigend in Kauf genommen werden, um sie möglichst publikumswirksam filmen und an eine empörte Filterblase von Gleichgesinnten übertragen zu können. Vor wenig mehr als einer Dekade wäre das noch ein absolutes Novum gewesen und vor zwei Jahrzehnten vollkommen undenkbar. Auch der Einsatz des Mobiltelefons als Waffe hat seinen Ursprung im technikversessenen Nesenbachtal.

In Schillers Schatten

Angesichts der hier skizzierten strukturellen Gemeinsamkeiten dürfen aber auch die wesenhaften Unterschiede, welche zwischen den S-21-Protesten und jenen der Querdenker bestehen, nicht aus dem Blick geraten. Tatsächlich weisen die politischen Kernmilieus der beiden Bewegungen, wie die vielbeachtete Studie der Soziologen Nadine Frei und Oliver Nachtwey zu den Quellen des »Querdenkertums« in Baden-Württemberg aus dem Jahr 2021 zeigt, beinahe keine Schnittmengen auf.

Die überwiegende Mehrheit der Teilnehmerinnen und Teilnehmer, die sich an fraglichem Julimontag im schmalen Schatten des Stuttgarter Schillerdenkmals gleich neben dem Alten Schloss versammelt haben – ich schätze ihre Zahl auf ungefähr 200 —, entstammt denn auch dem Augenschein nach dem bildungsbürgerlichen, linksliberalen Spektrum. Ich erkenne einen ehemaligen Lehrer, eine Stadtführerin, der Kabarettist, Autor und Mitbegründer des Stuttgarter Theaterhauses Peter Grohmann ist natürlich auch da und verteilt wie jeden Montag mit stiller, freundlicher Präsenz sein Flugblatt *Bürgerinnenbrief.* Die Genannten befinden sich allesamt deutlich im Rentenalter – der einzige andere in meiner Alterskohorte ist ein verstrahlt wirkender Berufsjugendlicher mit falsch herum aufgesetztem Baseballkäppi, er scheint aber eher zufällig hierhergeraten zu sein, sitzt ein paar Meter von mir entfernt auf den Denkmalstufen und wippt im Rhythmus der Rede, die gerade gehalten wird, mit dem Kopf.

Am Vortragsstil kann es nicht liegen: Der heutige Hauptredner ist, mit Verlaub, kein besonders mitreißender Rhetoriker, er spricht mit brüchiger Stimme und entschuldigt sich gleich eingangs dafür, dass das Publikum ihn nun zwei Montage in Folge ertragen müsse – vermutlich ist das ironisch gemeint, aber kein besonders glücklicher rhetorischer Move. Dieter Reicherter ist Jurist, er war früher Vorsitzender Richter am hiesigen Landgericht und ist nun, jenseits der siebzig und mithin eigentlich im Ruhestand, einer der profiliertesten und juristisch versiertesten Gegner von Stuttgart 21. Sein halbstündiger Vortrag hat denn auch streckenweise den Charakter einer Einführungsvorlesung zum Verwaltungsrecht, er sagt Sätze wie »Vor Gericht haben wir uns auf kollusives Zusammenwirken von Stadt und Bahn berufen« oder »Wir stellten deshalb beim Gericht den Antrag, eine vollstreckbare Ausfertigung des gerichtlichen Vergleichs zu erteilen« oder »Das Umweltinformationsgesetz, so verlangt der Verwaltungsgerichtshof, verpflichtet alle Auskunftspflichtigen dazu, Bürgerinnen und Bürger aktiv bei der Beschaffung der Informationen zu unterstützen«.

Das Erstaunliche: Die versammelten Montagsdemonstranten hören dem Richter a.D. tatsächlich, soweit ich das beurteilen kann, eine halbe Stunde lang aufmerksam zu. Sicher, es gibt immer wieder höhnisches Gelächter, Trillerpfeifentrillern, Zwischenrufe wie »Lügenpack!« oder »Esel!« – Letzteres vor allem dann, wenn der Ausdruck Gemeinderat, der Name des Oberbürgermeisters oder jener des baden-württembergischen Ministerpräsidenten fällt. Aber die Fachkundigkeit und Akkuratesse, mit der hier juristische Zusammenhänge erklärt oder über die Auswirkung von Tunnelbohrungen auf Anhydritgestein sowie alternative Nutzungsmöglichkeiten für die bereits bestehenden unterirdischen Anlagen im (unwahrscheinlichen) Fall eines Abbruchs des Bauprojekts diskutiert wird, ist erstaunlich.

Es scheint mir nicht zuletzt diese Wissenschaftsgläubigkeit zu sein, welche die S-21-Proteste von den meisten »Querdenken«-Demos substanziell unterscheidet. »Weißt du«, lässt der Stuttgarter Autor Wolfgang Schorlau eine seiner Figuren im Kriminalroman *Die letzte Flucht* räsonieren, in dem es unter anderem um die Proteste der Bahnhofsgegner geht, »wenn die Schwaben ›Lügenpack‹ rufen, dann tun sie das nicht leichtfertig. In diesem Fall ist es eher das Ergebnis von Erfahrung und Analyse.« Auch die Haltung, die mir während meiner Recherche von Seiten der Demonstrierenden entgegenschlägt, wäre auf einer gegen den Staat und die ihm dienstbaren »Systemmedien« wetternden »Querdenken«-Demo nur schwer vorstellbar.

»Send Sie von d'r Presse?«, stellt mich eine sonnenbebrillte Frau zur Rede, als ich, Schiller im Nacken, gerade wieder einmal auffällig-unauffällig Notizen in meiner Schreibkladde mache – wegen der Sonnenbrille kann ich ihre Mimik nicht deuten, befürchte aber das

Schlimmste: Was, wenn Vertreter der vierten Gewalt hier nicht willkommen sind?

Ich bejeine; Na ja, ich würde schon gelegentlich für Printmedien schreiben – aber jetzt sei ich wegen eines Buches hier, das …

»Über Schduegrd 21?« Trotz der dunklen Brille meine ich zu erahnen, dass sich ihre Miene aufhellt.

»Nicht nur. Über Stuttgart ganz allgemein. Aber S 21 und die Proteste dagegen spielen natürlich eine wichtige Rolle«, beeile ich mich hinzuzufügen, »klar, weil …«

Die Dame nickt zufrieden, anscheinend war das die korrekte Antwort, und geht zurück zu dem Grüppchen, aus dem sie sich zuvor gelöst hat. Das wichtigste Presseorgan der Stadt, die *Stuttgarter Zeitung*, hat wegen ihrer weitgehend affirmativen Haltung zum Bahnhofsneubau unter S-21-Gegnern einen eher schlechten Ruf – aber die Medien an sich, so stelle ich erleichtert fest, gelten hier offenbar nicht als Gegner.

Verschworene Gemeinschaft

Der traurige Witz an der Sache ist: Lässt man die Geschichte der Planung und Durchführung der Tiefbauarbeiten zu Stuttgart 21 Revue passieren, so könnte man selbst als aufgeklärter, konspiratorischen Deutungsmustern fernstehender Mensch zum Verschwörungsgläubigen konvertieren – oder doch zumindest ernsthaft in Betracht ziehen, dass hier in beachtlichem Ausmaß ein, nun ja, *kollusives Zusammenwirken* politischer und privatwirtschaftlicher Akteure stattgefunden hat: »In der Rückschau«, schreibt der Soziologe Heiner Barz über Stuttgart 21, »zeigen sich eklatante Verstrickungen zwischen Politik, Medien und Industrie.«

Der CDU-Politiker Günther Oettinger etwa hatte sich während seiner Amtszeit als Ministerpräsident von Baden-Württemberg von 2005 bis 2010 vehement für das umstrittene Bauprojekt eingesetzt, unter anderem durch eine Finanzierungszusage des Landes in Höhe von einer knappen Milliarde Euro – im Herbst 2020 wechselte er in den Aufsichtsrat der Firma Herrenknecht, welche die vier gigantischen Tunnelbohrmaschinen für S 21 geliefert hat und damit zu den großen Profiteuren des Unternehmens gehört. Oettingers Lebensgefährtin sitzt seit Jahren im Aufsichtsrat einer Stiftung, die sich dem Namen nach für eine »Lebendige Stadt« engagiert, tatsächlich aber zu einem milliardenschweren Immobilienunternehmen gehört, das unter anderem den durch S 21 frei gewordenen Grund über dem Tiefbahnhof bebaut. Dort ist sie beileibe nicht allein, auch die ehemalige baden-württembergische Verkehrsministerin Tanja Gönner und der einstige Stuttgarter Oberbürgermeister Wolfgang Schuster saßen zeitweilig im Rat der Stiftung.

Der Grünen-Politiker und heutige Ministerpräsident Winfried Kretschmann kritisierte zwar im Wahlkampf 2011 das finanzielle Engagement des Landes bei S 21 als verfassungswidrig – wollte aber nach gewonnener Wahl von einem Verfassungsbruch nichts mehr wissen, sondern ließ stattdessen einen Volksentscheid durchführen, dessen Wortlaut in so verquerem Juristendeutsch gehalten war, dass man als Laie schon der Interpretationshilfe eines ehemaligen Landesrichters bedurft hätte, um sein Kreuz an der richtigen Stelle zu machen: »Stimmen Sie der Gesetzesvorlage ›Gesetz über die Ausübung von Kündigungsrechten bei den vertraglichen Vereinbarungen für das Bahnprojekt Stuttgart 21‹ (S-21-Kündigungsgesetz) zu?« Wer zu S 21 Nein sagen wollte, musste mit Ja stimmen, wer Nein meinte, musste Ja ankreuzen – gut möglich, dass bei diesem Experiment in direkter Demokratie einiges durcheinandergeriet; bestenfalls hielten sich die Abstimmungsirrtümer von Gegnern und Befürwortern die Waage.

Man kann sich jedenfalls des Eindrucks nicht erwehren, dass die Volksabstimmung – ähnlich wie wenige Jahre später das britische Brexit-Referendum – vor allem der Verantwortungsentlastung der Regierenden diente: Wenn die politische Lage so verworren ist, dass man als Mandatsträger nur verlieren kann, schiebt man den Schwarzen Peter an die Wähler weiter. Unverständlich bleibt auch, warum eine Entscheidung von solcher Tragweite, wenn sie schon auf direktdemokratischem Weg gefällt werden soll, lediglich auf Landesebene durchgeführt wird – schließlich betreffen die Auswirkungen von S 21 die Bürgerinnen und Bürger der ganzen Republik: Anstelle der ursprünglich angesetzten zweieinhalb Milliarden Euro dürfte das Projekt aktuellen Schätzungen zufolge mindestens das Vierfache kosten –

zuzüglich versteckter Kosten wie der Umrüstung von Zügen und Strecken auf ein digitales Kontrollsystem, weil in den neu gebauten Tunneln kein Platz für Signalanlagen ist. Und diese Kosten werden eben nicht nur von der Stadt Stuttgart und dem Land Baden-Württemberg, sondern maßgeblich vom Bund und der Deutschen Bahn getragen: Die finanziellen Folgen der Kostenexplosion sind also nicht nur für die Steuerzahler in Esslingen, sondern auch für die in Essen oder Eisenach spürbar.

Hinzu kommt: Sollte die Halbierung der bestehenden Gleiszahl, wie von Kritikern befürchtet, tatsächlich zu einer Reduzierung der Leistungsfähigkeit des Bahnhofs führen, wird dies auch Bahnkunden betreffen, die von Frankfurt nach München oder von Salzburg nach Paris fahren. Eine Entscheidung dieser Dimensionen zu einer baden-württembergischen Landesangelegenheit zu machen, wird der Sache jedenfalls in keiner Weise gerecht. Als Vorbild für die immer wieder so dringlich eingeforderte direkte Demokratie dient das Plebiszit zu Stuttgart 21 nur äußerst bedingt.

Grüner wird's nicht

Für die Demonstranten auf dem Schillerplatz haben die Grünen durch ihr Taktieren in dieser Sache augenscheinlich jede Glaubwürdigkeit verloren: Keiner anderen Partei schlägt so unverhohlene Wut und Enttäuschung entgegen, kein Politiker wird so leidenschaftlich bebuht und ausgepfiffen wie Winfried Kretschmann – was nicht der tragischen Ironie entbehrt, schließlich würde man ein Gros der Protestler rein phänotypisch zur Stammklientel der einstmals alternativen Partei zählen. Als der Redner und Richter a.D. Dieter Reicherter seine verwaltungsrechtliche Vorlesung mit dem obligatorischen gemeinsam skandierten Ruf »Oben bleiben!« beendet hat, betritt der in Würden ergraute Liedermacher und Journalist Gerd Schinkel die Bühne, offenes schulterlanges Haar und Vollbart, weiß-blaue Friedenstaube und »FCK NZS«-Aufkleber auf der Wandergitarre, und singt unter reger öffentlicher Anteilnahme einen Protestsong, der die Stimmung auf dem Schillerplatz gut auf den Punkt bringt:

Sie sind grüüüüüün!
Sagen sie und glauben dran,
Dass man mit Etikettenschwindel Wählerstimmen kriegen kann,
Sie sind grüüüüüün!
Sagen sie und zögern nicht,
Und den Leuten lügen sie einfach frech ins Gesicht.

Von solchen Kollateralschäden innerhalb ihrer alten Stammwählerschaft einmal abgesehen, scheint das realpolitische Kalkül der baden-württembergischen Grünen aber durchaus aufgegangen zu sein: Bei der Landtagswahl 2016, fünf Jahre nach der von vielen

Bahnhofsgegnern als Wortbruch empfundenen Volksabstimmung, legten sie noch einmal um sechs Prozentpunkte zu und wurden damit zum ersten Mal in der deutschen Geschichte stärkste politische Kraft. Und 2021 holten sie sogar 32,6 Prozent der Stimmen, über acht Prozentpunkte mehr als die zweitstärkste Partei, die CDU – das mit Abstand beste Ergebnis, das die Grünen bislang auf Landesebene verzeichnen konnten.

Dieser Erfolg dürfte nicht zuletzt der Persönlichkeit von Winfried Kretschmann geschuldet sein: Er sei »das Gegenteil von einem Bürgerschreck«, charakterisiert ihn der Journalist Armin Käfer, »Häuslebesitzer und Mercedesfahrer, so kauzig wie viele Schwaben, wegen seines biederen Habitus, seiner religiösen Bindungen, seines unverwechselbaren Dialekts als bodenständig ausgewiesen« – und damit auch für viele ehemalige CDU-Anhänger akzeptabel. Unter Kretschmann mutierten die Grünen in ihrem Ursprungsland Baden-Württemberg zu einer bürgerlichen Partei neuen Typs, die auch für Dienstleistungsangestellte und Daimler-Aktionäre wählbar ist – und die im Zuge der Corona-Pandemie sogar offensive Annäherungsversuche an die CSU unternahm: Im März 2021 forderte Kretschmann zusammen mit seinem bayerischen Amtskollegen Markus Söder eine konsequentere Umsetzung der sogenannten Bundesnotbremse, und im November 2021 plädierten die beiden in einem Artikel für die *Frankfurter Allgemeine Zeitung* für eine allgemeine Impfpflicht. »Die Oberrealo-Manier, in der Robert Habeck neuerdings bürgerliche Wechselwähler umwirbt«, urteilt Armin Käfer, »pflegen seine Kollegen im Südwesten schon lange – wenn sie diese nicht gar erfunden haben.«

Anders gesagt: Wenn die Grünen ihre Erfolge auf Bundesebene weiter ausbauen wollen, müssen sie sich noch stärker am Stuttgarter Modell orientieren. Von Kretschmann lernen heißt Kanzlerabilität lernen. Ihre Identität dürfte sich dadurch, auch das ist klar, weiter verändern: weg von den fundamentalistisch-ökologischen Ursprüngen, hin zur sogenannten Realpolitik – die freilich als Kehrseite oft schmerzhafte, bis zur Selbstverleugnung reichende Kompromisse erfordert.

Wo die Roten Fahnen wehen

Aber warum gerade hier? Weshalb hat sich ausgerechnet die Stadt über dem Nesenbach zu einer solchen Brutstätte neuer Protestformen entwickelt? Nun: Das eingangs erwähnte Erstaunen über die Demonstrationsfreudigkeit der Stuttgarter übersieht womöglich, dass die vermeintlich so biedermeierliche Metropole sehr viel progressiver und alternativer ist als ihr Ruf.

Das betrifft nicht nur die Grünen, deren erster Landesverband, wie erwähnt, im September 1979 in Sindelfingen gegründet wurde (die Bundespartei formierte sich ein knappes halbes Jahr später im nahegelegenen Karlsruhe). Es gilt auch für die Frauenbewegung, die in Stuttgart sowohl in der Theorie als auch in der Praxis enormen Einfluss hatte. Die erste Chefredakteurin Deutschlands, Therese Huber, hatte in der Stadt ihren Schreibtisch (ab 1814, bei *Cottas Morgenblatt für die gebildeten Stände*). Ab 1903 tat mit Henriette Arendt die erste deutsche Polizeiassistentin im Kessel ihren Dienst, und 1910 wurde die Politikerin und Journalistin Anna Blos hier erste Schulrätin des Deutschen Reiches. Der von Clara Zetkin begründete Frauentag wird heute weltweit begangen, seit 1975 ist der 8. März offiziell Tag der Vereinten Nationen für die Rechte der Frau und den Weltfrieden. *Feminist fun fact*: Mittlerweile werden alle bedeutenden Museen der Stadt – die Staatsgalerie, das Kunstmuseum, das Landesmuseum, das ethnologische Linden-Museum – von Direktor*inn*en geleitet.

Auch sozialistische und kommunistische Ideen fielen im Stuttgarter Kessel auf fruchtbaren Boden. Da die Stadt mehr als die meisten anderen deutschen Städte vom produzierenden Gewerbe geprägt ist – noch heute sind in der Region über 400 000 Beschäftigte in diesem Sektor tätig –, kann es kaum überraschen, dass die Stadt stets eine starke Arbeiterschaft hatte. Bereits 1898 fand in Stuttgart der erste offizielle Erste-Mai-Umzug des Deutschen Reiches statt (der zeitgenössischen Medienberichten zufolge freilich ausnehmend sauber und ordentlich ablief, da kann der Schwabe nicht aus seiner Haut). 1906 führte Robert Bosch als einer der ersten Unternehmer in seinen Betrieben den Acht-Stunden-Tag ein. Im Zuge der Novemberrevolution erschien hier – vier Tage vor der gleichnamigen, von Rosa Luxemburg und Karl Liebknecht herausgegebenen Zeitung in Berlin – die erste Ausgabe der *Roten Fahne*, im Jahr darauf eröffnete der solch fortschrittlichen Ideen gegenüber aufgeschlossene Fabrikant Emil Molt, Inhaber der Stuttgarter Waldorf-Astoria-Zigarettenfabrik, für die Kinder seiner Arbeiterschaft eine an den Prinzipien der Anthroposophie orientierte freie Bildungsstätte. Anfang dieses Jahrtausends schließlich machte sich der baden-württembergische Unternehmer Götz Werner, Gründer der Drogeriemarktkette dm und ebenfalls bekennender Anthroposoph, prominent für ein bedingungsloses Grundeinkommen stark.

Über die in anthroposophischen Kreisen verbreitete Impfskepsis, die auch in die Proteste gegen die deutsche Corona-Politik mit eingeflossen sein mag, wird weiter unten noch ausführlicher zu sprechen sein. Für die Frage, warum die Menschen in Stuttgart so gern auf die Straße gehen, entscheidend ist meines Erachtens vor allem die Tatsache, dass der Anthroposophie grundsätzlich ein antietatistischer Gestus zu eigen ist: Ein zentraler Berührungspunkt zwischen grünen, linksalternativen und anthroposophischen Milieus der für diese Bewegungen formativen Siebziger- und Achtzigerjahre, schreibt die Historikerin Silke Mende, sei nicht zuletzt die »Idee der direkten Demokratie« gewesen – wie sie sich in den Erwartungen der Bahnhofsgegner an das S-21-Plebiszit (sowie der Enttäuschung über dessen Ergebnis) zeigte. Und, so Mende weiter: Diese Idee »ging einher mit einer umfassenden Staatsskepsis, die zudem mit einem radikalen Eintreten für menschliche Freiheit und Selbstbestimmung verbunden war«.

Mitte der Siebziger besuchte ich einen damals gerade eröffneten, in warmen Pastelltönen gehaltenen und stets anheimelnd nach Rübenkraut und Bienenwachs duftenden Waldorfkindergarten am Stadtrand von Stuttgart. Als ich danach vom anthroposophischen Pfad abwich und zunächst zur örtlichen Grundschule, später auf ein humanistisches Gymnasium wechselte, wurde ich von meinen ehemaligen Kindergartenkameraden routinemäßig als »Staatsschüler« bezeichnet. Diese Bezeichnung ist meines Wissens noch heute geläufig, sie war nicht immer böse gemeint und ist darum doch kaum minder herablassend: Es schwingt darin eine nicht weiter explizierte Ablehnung eines dominanten Systems mit, dessen Angehörige man wenn nicht verachtet, so doch zumindest bemitleidet. Wer »Staatsschüler« ist, besucht nicht bloß eine öffentliche Bildungseinrichtung, sondern ist dem eigentlichen Wortsinn nach ein Schüler des Staates, ist diesem hörig und untergeben; strukturell treibt sich das Wort mithin in ähnlichen semantischen Gefilden herum wie die so gern gescholtenen »Systemmedien«. Dass auch die Waldorfschulen zu drei Vierteln von der öffentlichen Hand gefördert werden – ja dass die Waldorfschule im baden-württembergischen Nürtingen vor ein paar Jahren in einer Musterklage versuchte, eine staatliche Vollfinanzierung für diese Schulform durchzusetzen –, sei hier nur als Pointe am Rande erwähnt.

Apokalypsie now

Allerdings fehlt noch eine letzte, vielleicht entscheidende Zutat, um die Demonstrationsfreudigkeit der Stuttgarter zu erklären, und das ist der Protestantismus – der den *Protest* ja bereits im Namen trägt und in Stuttgart seit Jahrhunderten die vorherrschende Konfession darstellt. Bereits 1534 wurde im Herzogtum Württemberg die Reformation eingeführt, der erste evangelische Gottesdienst wurde keine fünfzig Meter von der aktuellen Rednertribüne der S-21-Proteste entfernt in der Stuttgarter Stiftskirche gefeiert. Noch heute ist immerhin ein knappes Viertel der Stuttgarter Mitglied der Württembergischen Landeskirche, auch ich war in meiner Kindheit und Jugend dort organisiert und durfte die Freuden einer protestantischen Prägung erleben. Nicht zuletzt trägt auch die anthroposophische Weltanschauung (und hier laufen die Stränge zusammen wie die Nesenbach-Nebenbäche im Stuttgarter Talkessel) deutlich protestantische Züge. Es sei kein Zufall, schreibt der Religionswissenschaftler Helmut Zander, dass die Lehre Rudolf Steiners bis heute vor allem in reformatorisch geprägten Ländern und Regionen verbreitet sei und ihr deutsches Zentrum im stockevangelischen Stuttgart habe: »Konfessionsgeschichtlich ist die Anthroposophie ein Kind des Protestantismus.«

Eine Sonderform innerhalb des württembergischen Protestantismus stellte und stellt dabei der Pietismus dar: eine Art Reformation innerhalb der Reformation, ein Protest in Potenz, der sich nicht nur durch besondere Frömmigkeit *(pietas)*, sondern auch durch starke Skepsis gegenüber Hierarchien und übergeordneten Institutionen auszeichnet. Vereinfacht gesagt: So wie sich die reformatorischen Bewegungen des sechzehnten Jahrhunderts gegen den Zentralismus und Autoritätsanspruch der katholischen Kirche gewandt hatten, protestierte der Pietismus des siebzehnten Jahrhunderts gegen den Zentralismus und Autoritätsanspruch der neu entstandenen evangelischen Landeskirchen. Der Pietist, in seiner schwäbischen Extremform auch spöttisch als Pietcong bezeichnet, vertraut keinem von der kirchlichen Obrigkeit ordinierten Pfarrer, sondern bevorzugt die persönliche Gewissensbefragung und die eigene Exegese der Heiligen Schrift. Bereits der Pietismus des siebzehnten Jahrhunderts, schreibt der Kulturwissenschaftler und Journalist Steffen Greiner, Autor einer Studie über die historischen Vorläufer des »Querdenkertums«, sei »eine sehr querfrontige Geschichte« gewesen: »Innere Gottesnähe und eine für das mystische Erleben offene Frömmigkeit – das geht nur mit Abstand zur Macht, sei es der Kirche oder des Staats. Man kann von dort aus alles werden, Linksterroristin wie Gudrun Ensslin, rechter Populist wie Michael Ballweg oder das Gewissen einer prinzipiell eher gewissenlosen Partei wie Erhard Eppler, SPD.« Aktuellen Schätzungen zufolge machen Pietisten zwar allenfalls ein Prozent der württembergischen Bevölkerung aus – aber ihr Erbe ist osmotisch, durch einen Prozess der »kulturellen Diffusion« (Nadine Frei und Oliver Nachtwey) in die Stuttgarter Mentalität eingesickert.

Dieses pietistische Vermächtnis zeigt sich meist subtil, aber an allen Ecken und Enden. Es zeigte sich bei dem Religionslehrer, der uns als Schüler seinerzeit vom Rauchen abhalten wollte, indem er uns allen Ernstes erklärte, in jeder Zigarette stecke »der Teufel«. Es zeigt sich bei dem strenggläubigen Degerlocher Zahnarzt, der jedes Mal, sobald er den Bohrer im Mund des Patienten versenkt hat, zu predigen beginnt, weil sein Opfer während der Behandlung ja nicht widersprechen kann. Es zeigt sich bei der Verkäuferin in der traditionsreichen Bäckerei, die kein Stück Kuchen verkaufen kann, ohne der Transaktion ein entschuldigend-verschuldendes »Ha, des darf m'r sich scho' mal laischda« hinzuzufügen (ungefähre Übersetzung: »Wir wissen ja beide, dass Kuchen ein verwerflicher Luxus ist, den man sich eigentlich *nicht* leisten sollte, und wenn ich Ihnen heute doch einen verkaufe, dann muss das die absolute Ausnahme und unter uns bleiben, gell?«). Es zeigt sich überhaupt in der generellen Unfähigkeit der Schwaben, ein gutes Essen, Getränk oder sonstiges Genussmittel ungebrochen und frei von Reue zu genießen: Im Pietismus ist alles erlaubt, lautet eine gängige Faustregel, solange es nur keinen Spaß macht. Und dieses latent freudlose, auf jeden Fall aber obrigkeitsskeptische Erbe zeigt sich eben nicht zuletzt auch bei den Montagsdemonstrationen gegen S 21.

Schon der Anblick der modularen dreistelligen Zifferntafeln, die links und rechts neben der Rednertribüne hängen, lässt mich an einen Gottesdienst denken – nur dass hier keine Kirchenliednummern verkündet werden, sondern die Zahl der Versammlungen, die bislang im Namen des oberirdischen Kopfbahnhofs stattgefunden haben: 569. Seit so vielen Wochen treffen sich die Stuttgart-21-Gegner nun schon zum Konventikel oder »Hauskreis«, wie man im Pietismus sagen würde, und betreiben ihre eigene Exegese der Zahlen und Fakten – eine Ausdeutung, die in den meisten Fällen quer zum hegemonialen, von den Herrschenden verkündeten Dogma steht. Der Vortrag des »redenden Bruders« auf der Bühnenkanzel trägt dabei erkennbar Züge einer Predigt: Das Kultur-Urgestein Peter Grohmann etwa beginnt seine Rede am 7. Juni 2021 mit der ironisch überhöhten Formel »Hochwohllöbliche Gemeinde« und macht sich dann an eine Ausdeutung des ersten Korintherbriefs. Und am Ende einer jeden Stuttgarter Montagsdemo-Rede steht – so sicher wie das Amen in der Kirche – eine Akklamationsformel, mit der die Gemeinde ihre Zustimmung zum Verkündeten ausdrückt: das erwähnte »Oben bleiben!«.

Betrachtet man die Proteste gegen den Bahnhofsbau innerhalb dieser religiösen Traditionslinie, ist es nur folgerichtig, dass das Gute prinzipiell von oben kommt (beziehungsweise dort bleiben soll), das Böse hingegen im Untergrund lauert: Der Tiefbahnhof steht in struktureller Homologie zur Hölle beziehungsweise zum »feurigen Pfuhl und Schwefel«, wie es in der Johannes-Offenbarung heißt. Tatsächlich grenzen die pessimistischen Prognosen der Tiefbahnhofsgegner, so wissenschaftlich fundiert sie auch sein mögen, in Tonlage und Totalitätsanspruch bisweilen ans Apokalyptische: eine Welthaltung, die so typisch deutsch ist wie Richard Wagners *Götterdämmerung*, sich aber speziell im württembergischen Pietismus enormer Beliebtheit erfreut.

Durch die Tunnelbohrungen, so die Befürchtung, könnte es zu einem Versiegen der berühmten Cannstatter Mineralquellen kommen. Das Anhydritgestein könnte durch eindringendes Grundwasser aufquellen, die Erde könnte sich auftun, die Häuser stürzen ein, die Stadt geht zugrunde, und wenn beim nächsten Starkregenereignis die Große Flut kommt, werden die Reisenden wie Ratten in diesem Tunnel zu Babel versinken, weil es nur unzureichende Fluchtwege und Evakuierungsmöglichkeiten gibt. Ministerpräsident Winfried Kretschmann nimmt in diesem Szenario die klassische Rolle des Antichristen ein: Er ist der arglistige Täuscher, der sich zunächst als Messias gerierte, sich dann aber doch als dessen Negativkopie, als dessen exaktes Gegenteil entpuppt hat. In jedem Tiefbahnhofsneubau steckt der Teufel.

Modell Korntal

Beide Protestbewegungen – sowohl die gegen den quergelegten Bahnhof als auch »Querdenken 711« – haben ihren Zenit mittlerweile überschritten. Während sich auf dem Höhepunkt der S-21-Demonstrationen über 60 000 Menschen im Unteren Schlossgarten versammelten, dürfte sich die Zahl der Montagsdemonstranten 2021, in jenem Jahr also, in dem das Bauprojekt seinem Namen nach hätte abgeschlossen werden sollen, bei einigen hundert eingependelt haben. Es handelt sich mittlerweile um eine vornehmlich nach innen gerichtete Veranstaltung, die vor allem dem internen Informationsaustausch und der Konsolidierung der Teilnehmer dient.

Im Fall der »Querdenken 711«-Proteste war die Kurve noch steiler: Sie wuchsen im Frühjahr 2020 innerhalb weniger Wochen von einigen Dutzend Teilnehmern auf circa 20 000 an, verschwanden dann aber schnell wieder von der bundesweiten Bildfläche – allerdings erst, nachdem im Sommer desselben Jahres ganze Reisebusladungen demonstrationsfreudiger Schwaben nach Berlin gekarrt worden waren und sich der Begriff »Querdenken« auch im Rest der Republik als Synonym für Proteste gegen die Corona-Schutzmaßnahmen etabliert hatte. Der Initiator Michael Ballweg, ganz geschäftstüchtiger Schwabe, hatte sich zuvor noch die Markenrechte am Begriff »Querdenken« in Kombination mit knapp zwanzig verschiedenen Telefonvorwahlnummern gesichert. Die ursprünglich positiv besetzte Wendung hat durch diese Assoziation semantisch doch merklich gelitten: kaum vorstellbar, dass die Tieferlegung des Stuttgarter Hauptbahnhofs und die damit einhergehende Neunzig-Grad-Drehung der Gleise einmal mit dem schmissigen Slogan »Quer-Denken« beworben wurden.

Was also bleibt von den Protesten? Welche Lehren lassen sich aus ihnen – auch und gerade für den Rest des Landes – ziehen? Im Fall der »Querdenken«-Proteste ist die Antwort schwierig, zumal es sich weiterhin um eine extrem dynamische Bewegung mit regional unterschiedlichen Akteuren handelt: Im Ursprungsland Baden-Württemberg rekrutieren sie sich zu einem nicht unerheblichen Anteil aus ehemaligen Grünen- oder Linken-Wählern, in Ostdeutschland eher aus Anhängern der AfD. Hinzu kommt, dass sich die Protestierenden oftmals in einem epistemischen Widerstand wähnen, anders gesagt: Es geht ihnen nicht um eine alternative Interpretation mehr oder minder anerkannter Fakten oder um eine Kritik an demokratischen Verfahren, sondern um eine Infragestellung der Fakten beziehungsweise der Demokratie an sich. Wenn aber der zentrale Zusammenhalt einer Protestgemeinschaft darin besteht, eine Wahrheit aufzudecken, welche die Gegenseite noch nicht erkannt haben soll oder angeblich aktiv unterdrückt – dann, so der Protestforscher Simon Teune, »gibt es keine gemeinsame Diskussionsgrundlage. Zuspitzungen und Feinderklärungen liegen nah.« Der Weg zu einer Diskursethik, innerhalb derer in gegenseitiger Anerkennung Argumente ausgetauscht werden können, ist verbaut oder wenigstens steinig.

Dies ist insofern heikel, als Herausforderungen wie der Klimawandel in naher Zukunft vergleichbare oder sogar weitaus drastischere Maßnahmen und Einschränkungen nötig machen könnten – dass deren empirische Grundlagen aber bereits jetzt von einem Teil der Gesellschaft massiv angezweifelt werden. Wie und ob dieser Graben zugeschüttet und eine gemeinsame Gesprächsbasis wiederhergestellt werden kann, ist gerade angesichts einer zunehmend fragmentierten Medienwelt extrem fraglich. Womöglich werden wir uns damit abfinden müssen, dass es innerhalb der Gesellschaft eine gewisse Anzahl epistemischer Parallelgesellschaften oder »Inseln« gibt, ähnlich den pietistischen Enklaven, die im neunzehnten Jahrhundert in der Nähe von Stuttgart entstanden: Man denke an die Evangelische Brüdergemeinde in Korntal, deren Mitglieder sich nicht den Gedanken der Aufklärung oder dem Dogma der Landeskirche anschließen mochten und darum religiöse Sonderrechte genossen. Die Gemeinde existiert noch immer – die Privilegien wurden ihr allerdings mit Gründung des Deutschen Reiches aberkannt.

Mein Freund, der Baum

Im Fall der Stuttgart-21-Proteste scheint die Sache, bei aller Verhärtung der Konfliktlinien, ein wenig einfacher zu sein: Denn erstens geht es hier um ein singuläres Bauprojekt, das hoffentlich in ein paar Jahren abgeschlossen sein wird. Und zweitens herrscht immerhin weitgehender Konsens über die diskursiven Rahmenbedingungen: Die Demonstranten ziehen also (von Ausnahmen wie dem Roosevelt-Zitator einmal abgesehen) nicht die Demokratie an sich in Zweifel, sondern verweisen vielmehr darauf, dass, so noch einmal Teune, »auch auf demokratischem Wege falsche Entscheidungen gefällt werden können«. Anders ausgedrückt: Wer Verstrickungen zwischen Wirtschaft und Politik kritisiert, unterstellt deshalb noch lange nicht, dass »die da oben« sowieso »alle unter einer Decke stecken«. Lobbyismuskritik spielt in einer anderen epistemischen Liga als die Rede von der »Corona-Diktatur«, dem »Deep State« oder der »Weltverschwörung«.

Wie der weitere Bau des S-21-Tiefbahnhofs abläuft, wann, mit welchen Kapazitäten und welchen Risiken er tatsächlich eröffnet werden kann und wie viele Milliarden er am Ende gekostet haben wird, steht noch in den Sternen über dem Stuttgarter Kessel. Klar scheint aber, dass ein Bauprojekt dieser Größenordnung, welches nicht nur tief in die Taschen, sondern auch substanziell in das Leben, in die Vergangenheit, Gegenwart und Zukunft einer Stadt und ihrer Bewohner eingreift, nicht noch einmal in dieser Form und Rigorosität durchgedrückt werden sollte. Es ist in diesem Zusammenhang kein Zufall, dass ein großer Teil der Protestierenden unter dem Namen »Parkschützer« organisiert ist und dass der Höhepunkt der Demonstrationen (sowie deren gewaltsame Niederschlagung) mit dem Beginn umfangreicher Baumfällarbeiten im Unteren Schlossgarten zusammenfiel. Wie wohl kein anderes Lebewesen symbolisieren Bäume historisch gewachsene Strukturen, ja im wahrsten Sinne des Wortes: die Verwurzelung einer Gemeinschaft an einem bestimmten Ort. Schon in der

Antike war es gängige Praxis, bei der Belagerung eines Gegners als ersten Schritt dessen Wälder und Heilige Haine abzuholzen. »Der Zorn über Rodungen speist sich nicht allein aus der Trauer um alte Bäume«, schreibt die Philosophin Lea Wintterlin, »sondern daraus, dass die Zerstörung von Hainen immer auch auf die Zerstörung einer Gemeinschaft abzielt.«

Dies gilt besonders, wenn die Bäume bereits sehr alt sind, wie im Fall der zugunsten des Tiefbahnhofsbaus gefällten Platanen im Stuttgarter Schlossgarten. Diese Bäume standen schon dort, als der Romantiker Eduard Mörike Lehrer im benachbarten Katharinenstift war. Sie standen dort, als Mitte des neunzehnten Jahrhunderts in den nahegelegenen Neckarauen das erste Fußballspiel auf deutschem Boden stattfand, sie standen dort, als der letzte deutsche Kaiser gekrönt wurde und wieder abdankte, sie überstanden zwei Weltkriege, ja sogar in der Nachkriegszeit mit ihrer Brennholzknappheit galten sie als tabu – und nun sollten diese altehrwürdigen Zeugenbäume für ein Bauprojekt weichen, dessen Nutzen umstritten ist und bei dessen Finanzierung jedem preisbewusst denkenden Schwaben die Maultasche im Hals stecken bleibt?

Die Wut vieler Menschen, so meine Vermutung, entzündete sich gar nicht an einem wie auch immer gearteten Naturschutzgedanken oder an einer anthropomorphisierend-übersteigerten Liebe zum Holzgewächs, wie sie in dem Öko-Schlager »Mein Freund, der Baum« zum Ausdruck kommt. Sie entzündete sich an dem Bewusstsein, dass hier im wahrsten Sinne des Wortes radikal, das heißt: an die Wurzel gehend in die Geschichte der Stadt eingegriffen wird. Und natürlich nicht zuletzt auch in deren Gegenwart und Zukunft.

Bürokratisch erhaben

Um es persönlich-anekdotisch zu fassen: Meine Eltern sind jetzt beide um die achtzig, das heißt, seitdem sie im Ruhestand sind, leben sie mit einer gigantischen Baustelle im Herzen ihrer Stadt. Ob sie die Eröffnung des »neuen Bonatzbaus«, wie das generalüberholte Bahnhofsgerippe von den Verantwortlichen euphemistisch-euphorisch genannt wird, noch erleben werden, ist ganz herzlos-realistisch betrachtet ungewiss – zumal die Erfahrung aus vergleichsweise unkomplizierten Bauprojekten wie dem Hauptstadtflughafen BER lehrt, dass es mit einer einzigen Verschiebung des Eröffnungstermins in der Regel nicht getan ist. Und bis auf dem freigeräumten oberirdischen Gleisbett ein neues Stadtquartier entstanden sein wird, ja bis die dereinst im Unteren Schlossgarten neu gepflanzten Bäume eine stattliche Größe erreicht haben, werde wohl auch ich dort ruhen, wo sich der Nesenbach befindet und derzeit die neuen Bahnanlagen gebaut werden: unter der Erde. Letzten Endes wird sich die Gesamtdauer des Projekts, von der ersten öffentlichen Präsentation der Pläne im Frühjahr 1994 bis zur Eröffnung 2025 oder später, über den Zeitraum von mindestens einer Generation erstreckt haben, bis die Bebauung und Renaturierung der Flächen darüber abgeschlossen ist, noch weitaus länger. Zusammengefasst: Sowohl die zeitliche Ausdehnung des Projekts als auch seine Finanzierung im elfstelligen Euro-Bereich dürften die Vorstellungskraft selbst imaginationsbegabtester Menschen weit übersteigen. Das gilt übrigens auch für seine politischen, bürokratischen, wirtschaftlichen, sozialen sowie nicht zuletzt ökologischen Voraussetzungen und Folgen. Eigentlich lässt sich das Bauvorhaben in seiner ganzen Komplexität und Ausdehnung nur in der etwas altmodischen Begrifflichkeit des »Erhabenen« fassen.

Das Erhabene, definierte einst Immanuel Kant, zeichnet sich dadurch aus, dass es »nicht allein groß, sondern schlechthin-, absolut-, in aller Absicht- (über alle Vergleichung) groß« ist. Es kann in seiner Gesamtheit nicht sinnlich erfasst werden und erregt dadurch im Betrachter ein Gefühl des Schauders, der Demütigung oder Ohnmacht. Eine ähnliche Empfindung dürfte sich auch bei vielen Stuttgartern angesichts der politischen Verstrickungen, Planungen und Baumaßnahmen rund um den Bahnhof eingestellt haben – man könnte sie entsprechend als bürokratisches Erhabenes bezeichnen: als Gefühl, wie Caspar David Friedrichs »Wanderer über dem Nebelmeer« vor einem unüberwindlichen Bürokratiegebirge zu stehen. Vor einem Projekt, bei dem keiner mehr durchsteigt, ja vielleicht gar niemand durchsteigen kann, weil die tektonischen Platten darunter unablässig in Bewegung sind, sich im Lauf der Jahrzehnte verschieben, sich immer neue Spalten und Abgründe auftun.

Natürlich kann die Politik nicht auf jede Empfindlichkeit, auf jedes Bauchgefühl der Bürgerinnen und Bürger Rücksicht nehmen. Sie muss sich aber schon fragen lassen, ob man sich bei einem so gewaltigen Eingriff, wie Stuttgart 21 ihn darstellt, immer wieder nur auf die Legitimität des Verfahrens, auf vor Jahrzehnten geschlossene Verträge, Sachzwänge sowie bereits ausgegebene Milliardenbeträge berufen kann. Die grundsätzliche Frage, die sich hier stellt, lautet, ob und wie städtebauliche Operationen, bei denen derart substanziell in die Geschichte und Identität einer Stadt und in die Lebenswelt ihrer Bewohner eingegriffen wird, überhaupt durchgeführt werden können.

Die Zeit lässt sich nicht zurückdrehen, die Grube nicht wieder zuschütten – allenfalls lassen sich aus vergangenen Fehlern Lehren für die Zukunft ziehen. Das letzte Wort soll darum dem vor ein paar Jahren verstorbenen Politiker, Architekten und prominenten Bahnhofsneubaugegner Peter Conradi gehören: »Unser Widerstand hat bewirkt, dass in Deutschland künftig kein Großprojekt so stümperhaft und ohne Bürgerbeteiligung wie S 21 geplant werden kann.«

Prinzip Pferd

Im Kessel werden Stuten gezüchtet, sie bekommen Räder und traben in alle Welt

Als Deutschlands wohl bekanntester Virologe Christian Drosten im Februar 2022 die hohe Infektiosität der neuen Corona-Untervariante mit dem Kürzel BA.2 illustrieren wollte, sagte er, diese habe im Vergleich zum aktuell verbreiteten Subtypus »schon ein paar PS mehr«. Das ist natürlich Unsinn: Viren haben keinen Motor, der sie antreibt, übrigens auch keinen Mikrochip, ergo auch keine Pferdestärken im eigentlichen physikalischen Sinn. Andererseits ist Drostens strategische Verwendung des PS-Begriffs aber bezeichnend: Wenn man ein möglichst großes Segment der deutschen Bevölkerung inhaltlich erreichen will, dann, so vermutlich das Kalkül des Charité-Mediziners, muss man seine Botschaft in die Sprache der Motorwelt fassen. Wer die Kraft irgendeiner Sache, Maschine, Person oder eben Krankheit veranschaulichen will, muss sie mit dem vergleichen, was jedem Deutschen vertraut ist und darum metaphorologisch unmittelbar einleuchtet: einem Automobil.

Drostens Aussage illustriert also nicht nur die Infektiosität der SARS-CoV-2-Variante Omikron BA.2, sondern auch und vor allem, wie stark der verbrennungsmotorbetriebene Individualverkehr unsere Vorstellungskraft, unser Weltverständnis und unsere Sprache infiziert hat. Das Automobil ist der heimliche Herrscher unserer Städte, unseres Landes, ja unseres gesamten Planeten. Aber als Konzept, als Statussymbol sowie als konkretes Fortbewegungsmittel ist es natürlich nur der Nachfolger eines weitaus älteren Wesens. Begonnen hat alles mit dem Pferd, oder wie man in Stuttgart sagen würde: mit dem Rössle.

Freie Fahrt

Dass der Besitz eines Automobils sowie die Möglichkeit zu dessen unsachgemäßer Verwendung hierzulande quasi Grundrechtsstatus besitzen, muss wohl kaum eigens erwähnt werden. Der aktuelle Fuhrpark der Deutschen beläuft sich auf knapp 67 Millionen Fahrzeuge, Tendenz steigend, das heißt: Auf ziemlich genau jeden erwachsenen Bürger kommt ein Fahrzeug – und dieses darf, zumindest über weite Teile des Autobahnnetzes, in beliebiger Geschwindigkeit bewegt werden. Die Bundesrepublik ist nach wie vor die einzige Industrienation, in der keine allgemeine Geschwindigkeitsbegrenzung existiert, und weder rasant steigende Benzinpreise noch die Tatsache, dass mit den Grünen eine vermeintliche Tempolimit-Partei auf der Regierungsbank sitzt, scheinen an dieser Tatsache etwas ändern zu können. Offenbar meint »Freiheit« hierzulande vor allem das individuelle Recht auf Rasen: Nicht Locke, Voltaire oder Kant – der ADAC der Siebzigerjahre mit seiner Philosophie der freien Fahrt für freie Bürger ist prägend für unser Verständnis dieses Begriffs.

Die Stadt Stuttgart steht wieder einmal im Zentrum dieser Entwicklung. Hier wurde nicht nur Anfang des zwanzigsten Jahrhunderts ebenjener Allgemeine Deutsche Automobil-Club gegründet, heute der mitgliederstärkste Verein des Landes sowie der größte Verkehrsclub des Kontinents. Hier hat nicht nur das Medienunternehmen Motor Presse seinen Sitz, das mit Zeitschriften wie *auto motor und sport*, *motorsport aktuell* oder *sport auto* immer noch Auflagenhöhen erzielt, von denen andere Organe in der krisengeschüttelten Holzbranche nur träumen können. Hier wurde auch von Gottlieb Daimler und Wilhelm Maybach das erste Vierradfahrzeug mit Verbrennungsmotor entwickelt sowie der Vorläufer des heutigen Motorrads. Noch heute gehört die Region, wie der Wirtschaftsgeograph Jürgen Dispan formuliert, »zu den führenden ›Automotive Ecosystems‹« und beherbergt gleich zwei der bekanntesten Luxusautomarken der Welt. Wie sang schon Janis Joplin, a cappella, in ihrer berühmten Blues-Jeremiade?

Oh Lord, won't you buy me a Mercedes-Benz?
My friends all drive Porsches, I must make amends,

Worked hard all my lifetime, no help from my friends,
So Lord, won't you buy me a Mercedes-Benz?

1970, als Joplin den Song aufnahm, hatten die beiden *brand names* Mercedes-Benz und Porsche offensichtlich längst die Stuttgarter Stadtgrenzen hinter sich gelassen und es bis an die Küste von Kalifornien geschafft. Die hingebungsvolle Bitte von Joplin ist natürlich ironisch gemeint: Angehörige der Gegenkultur lehnten solche Luxuskarossen rundweg ab. Die Hippies bevorzugten campingtaugliche VW-Busse oder possierliche Blechinsekten wie den sogenannten *Bug*, den Käfer – dessen Erfinder wiederum hieß Ferdinand Porsche und hatte, bevor er sein eigenes Büro in Stuttgart eröffnete, als Konstrukteur bei Daimler gearbeitet.

PS I Love You

Dass die Wiege der Automobilindustrie ausgerechnet im Stuttgarter Talkessel steht, kann, wenn man die Geschichte der Stadt betrachtet, kaum überraschen: Schließlich wurde die Ansiedlung Mitte des zehnten Jahrhunderts als Gestüt oder, wie man auf Mittelhochdeutsch sagte, als *stuotgarten* gegründet – und das Pferd ist der unmittelbare typologische Vorläufer des Verbrennungsmotors.

Bevor das Automobil seinen Siegeszug antrat und die

Eisenbahn als Massentransportmittel zur Verfügung stand, bedienten sich die Menschen, wenn sie weite Strecken zurücklegen wollten, Gepäck mit sich führten und es sich leisten konnten, eines solchen Reittiers oder fuhren mit der Kutsche. Folgerichtig bezeichneten die Ingenieure Daimler und Maybach ihr erstes, 1885 vorgestelltes Proto-Motorrad als »Reitwagen« und das im Jahr darauf präsentierte vierrädrige Fahrzeug als »Motorkutsche«. Nicht von ungefähr denken wir, wenn wir die Leistungsfähigkeit eines Automobils beschreiben wollen, im allgemeinen Sprachgebrauch immer noch in »Pferdestärken« (obwohl diese Maßeinheit offiziell schon vor Jahrzehnten von der Einheit Watt abgelöst wurde, in der DDR 1970, in der BRD acht Jahre später).

Die Tatsache, dass heutzutage keine leibhaftigen Pferde mehr durch den Stuttgarter Kessel galoppieren, sondern allenfalls als Markenemblem der Firma Porsche durch die Straßenschluchten getrieben werden, weist also auf eine bemerkenswerte Kontinuität hin: Es ging in dieser Stadt seit ihrer Gründung um das Thema Mobilität; die *stuotgarter* haben ihre Leidenschaft für schnelle und prestigereiche Fortbewegungsmittel bloß im Lauf der Moderne vom Hauspferd auf das Automobil übertragen. Die Hingabe, mit der schwäbische Autobesitzer am Samstag vor der Garage stehen und ihren Daimler polieren, ist vermutlich überhaupt nur zu verstehen, wenn man sich vorstellt, dass sie im Geiste gerade ein Rassepferd striegeln.

Auch der grundsätzliche Respekt und verkehrsrechtliche Vorrang, der Autofahrern im Gegensatz zu Radfahrern oder Fußgängern entgegengebracht wird, legt nahe, dass der symbolische Statuszuwachs, den der Besitz eines Pferdes bedeutete, im Lauf des zwanzigsten Jahrhunderts nahtlos auf die Motorkutsche übertragen wurde. Ein Beispiel? Als im Frühjahr 2022 Umweltaktivisten der Initiative »Aufstand der letzten Generation«, meist nur für kurze Zeit, einzelne Straßen und Autobahnabschnitte in Berlin, Frankfurt, Hamburg, München, Stuttgart und anderen deutschen Städten besetzten, wurden sie in etlichen Medienberichten reflexhaft als »Chaoten«, »Klima-Chaoten«, »Links-Chaoten« oder »Radikale« tituliert. Zur selben Zeit blockierten Hunderte von LKW-Fahrern wochenlang die Straßen der kanadischen Hauptstadt Ottawa sowie einen der wichtigsten Grenzübergänge zwischen den USA und Kanada, mit verheerenden Folgen für Verkehr und Handel. Den Begriff Chaos oder sinnverwandte Wörter suchte man in der Berichterstattung über diese Blockaden allerdings vergeblich – die Trucker wurden stattdessen respektvoll als »Teilnehmer eines sogenannten Freiheitskonvois« oder »Kritikerinnen und Kritiker der Corona-Maßnahmen« bezeichnet. Als würde die Tatsache, dass sie sich nicht mit bloßen Händen an der Straße festklebten, sondern 400 PS zwischen ihrem Hintern und dem Asphalt hatten, diese Menschen symbolisch aufwerten.

Hierzu passt, dass die Maßeinheit PS in Deutschland als jene Leistung definiert ist, die nötig ist, um ein Gewicht von fünfundsiebzig Kilogramm innerhalb einer Sekunde um einen Meter anzuheben. Man braucht nicht viel spekulative Phantasie, um zu erkennen, dass diese Referenzmasse dem ungefähren Durchschnittsgewicht eines erwachsenen Mannes entspricht – und dass es darum geht, dieses nicht etwa in der Horizontalen zu bewegen, sondern es durch die PS-Zahl zu erhöhen. Anders gesagt: Es geht beim Wettbewerb der Pferdestärken (der aktuell leistungsstärkste Porsche Panamera hat deren 700) nicht ums Vorankommen, sondern um Levitation. Wer ein hochmotorisiertes Automobil sein Eigen nennt, sitzt erhoben, ja erhaben im Sattel. Je mehr PS, desto höher.

Wappenrappen

Das Pferd, kann man rückblickend sagen, war von den Stuttgartern eine überaus weise und vorausschauende Wahl für ein Wappentier – schließlich verkörpert es wie kein anderes Tier die wichtigsten Kennzeichen der Moderne: Immanenz. Fortschrittsdenken. Pragmatik. Sowie nicht zuletzt die kaufmännische Einsicht, dass kluges und vorausschauendes Handeln langfristig zu wirtschaftlichem Erfolg führt.

Die symbolische Sonderstellung des Hauspferds wird am ehesten deutlich, wenn man es mit anderen Stadtwappentieren wie dem Bären (Berlin), dem Adler (Frankfurt am Main, Köln) oder dem Löwen (Braunschweig, Hannover, Leipzig) vergleicht. Was letztgenannte Tiere vereint: Es handelt sich bei ihnen um starke, potenziell aggressive Spitzenprädatoren, die – mit Ausnahme des Menschen – keine natürlichen Feinde haben. Das macht sie für Kaiser, Könige, Fürsten oder Herzöge, die ebenfalls gern so mächtig, moralfrei und unangreifbar wären, als Vorbild attraktiv – es bedeutet aber auch, dass das Verhältnis zu diesen Tieren im Wesentlichen allegorisch bleiben muss: Die Regierenden, welche sie sich als Emblem wählten, wollten *wie* diese Tiere sein, ihnen in bestimmter Hinsicht (Mut, Kraft, Herrschsucht) gleichen – aber abgesehen von diesem allegorischen Mehrwert sind Bären, Adler und Löwen für den Menschen vollkommen nutzlos. Sie lassen sich nicht zur Jagd abrichten, man kann sie nicht melken, scheren, reiten oder als Zugtiere verwenden – allenfalls kann man sie in einen Tiergarten, eine Voliere oder einen Bärengraben sperren, wo sie ihre bewunderten Eigenschaften in der Regel schnell einbüßen. Sie sind bloß kostspielige Metaphern.

Ganz anders das Pferd. Von ihm geht für den Menschen keine besondere Gefahr aus, ja es ernährt sich sogar vegetarisch, was es als Vorbild für Machtmenschen eigentlich diskreditiert – dafür ist sein praktischer Nutzen enorm: Man kann es vor eine Kutsche, einen Karren, eine Egge oder einen Pflug spannen, man kann Mühlen und Maschinen mit ihm antreiben, und man kann natürlich auf ihm reiten, was das Pferd nicht zuletzt als Kriegsgefährt(en) attraktiv macht. Anders gesagt: Das Pferd ist ganz und gar alltäglich, diesseitig und konkret. Man kann es anfassen und streicheln, ohne gleich gefressen zu werden oder die Augen ausgehackt zu bekommen, und da es vergleichsweise umgänglich ist, kann man es auch bearbeiten, selektieren, verändern, züchten.

Züchten, das bedeutet dem Wortsinn nach: ziehen, er-ziehen, den Weg nach oben bahnen. Das Konzept der Zucht beinhaltet also immer eine Vertikalspannung, die Vorstellung, dass die Natur nicht gottgeschaffen und immergleich ist, sondern durch menschliches Zutun perfektioniert und auf die irdischen Bedürfnisse zugeschnitten werden kann. Damit dies gelingt, sind nun nicht nur ein spezifisch modernes Selbstbewusstsein und Naturverständnis, sondern auch Gewissenhaftigkeit, Geduld sowie ein Denken in Generationen vonnöten. Ist man bereit, all dies zu investieren, verspricht die Arbeit allerdings auch gehörigen Profit: Die Investition wirft Zinsen ab, zumal wenn es sich beim Ausgangskapital um ein geschlechtsreifes Muttertier, also eine Stute, handelt – oder sogar um einen ganzen Stutengarten.

Zusammenfassend und in Anlehnung an die Terminologie von Jürgen Dispan kann man sagen: Dass sich in Stuttgart aus dem ursprünglich equestrischen im Lauf der Moderne ein automotives Ökosystem entwickelt hat, ist nur konsequent. Die Pferdezucht stellt nicht nur das Vorbild für den industrialisierten Fahrzeugbau dar – sie ist mit ihrer Betonung von Pragmatismus, Perfektabilität und Problemlösungskompetenz auch die Blaupause für den vielgepriesenen Vorreiter des Industriestandorts Deutschland: den *mittelständischen Unternehmer*, wie er bis heute bevorzugt im Habitat des mittleren

Neckarraums zu finden ist. Dass all dies in der Bundesrepublik immer noch unter den symbolischen Fittichen eines Steinadlers geschieht, ist nur mit mangelndem Respekt vor domestizierten Nutztieren zu erklären – wenn es in der Heraldik gerecht zuginge, wäre der Greifvogel längst aus dem Bundeswappen verschwunden und durch eine trächtige Stute ersetzt worden. Das Pferd ist das einzig adäquate Wappentier für die Stuttgarter Republik.

Ross und Reiter

Man muss allerdings ergänzen: Ganz so harmlos, wie hier dargestellt, ist das Pferd leider doch nicht und das Verhältnis zwischen Mensch und Reittier nicht notgedrungen harmonisch. Die Gefahr, die vom Pferd ausgeht, rührt dabei nicht von seinen scharfen Zähnen, seinen Krallen oder seinem Schnabel her, sondern gerade von seiner scheinbaren Kooperationsbereitschaft – die sich, wie jede Reiterin und jeder Reiter weiß, im Hufumdrehen als trügerisch erweisen kann. Der Mensch denkt, dass er das Pferd lenkt – aber wenn es drauf ankommt, ist er dem Tier kräftemäßig weit unterlegen.

In seinem letzten großen Theoriewerk *Das Ich und das Es* deutete der Begründer der Psychoanalyse Sigmund Freud das Pferd entsprechend als Metapher für das triebhafte »Es« – den Reiter hingegen als Sinnbild für das »Ich«, welches naiv annimmt, diese Urgewalt zügeln zu können, aber im Zweifelsfall sind die Triebe stärker, das Es setzt sich durch, und dem Ich bleibt nichts anderes übrig, als gute Miene zum bösen Spiel zu machen: »Wie dem Reiter, will er sich nicht vom Pferd trennen, oft nichts anderes übrigbleibt, als es dahin zu führen, wohin es gehen will, so pflegt auch das Ich den Willen des Es in Handlung umzusetzen, als ob es der eigene wäre.« Wir rationalisieren unsere Entscheidungen, tun so, als hätten wir nie etwas anderes gewollt – dabei ist in Wirklichkeit der Gaul mit uns durchgegangen.

Freud veröffentlichte seine Schrift 1923: zehn Jahre bevor Ferdinand Porsche von Adolf Hitler beauftragt wurde, einen »Volkswagen« zu entwerfen, und die Massenmotorisierung ihren Ausgang nahm. Die wahrhaft tragende Rolle, die Freud noch dem Pferd zusprach, hat seitdem das Automobil übernommen, wobei die libidinöse Energie des Verkehrsmittels proportional zur PS-Zahl um ein Vielfaches gesteigert wurde: Das motorgetriebene Es hat mittlerweile durchschnittlich 160 Pferdestärken – kein Wunder, dass die Autos die heimlichen Herrscher unserer Städte sind, der Autobahnen und Landstraßen sowieso. Der österreichische Mobilitätsforscher Hermann Knoflacher spricht in diesem Zusammenhang davon, dass das Auto den Menschen enthumanisiert beziehungsweise »autobilisiert« habe: »Die Menschen sehen die Welt ja nicht mehr, wie sie eigentlich ein Mensch sehen sollte, sondern sie sehen die Welt so, wie es dem Auto gefällt.«

Diese Autobilisierung zeigt sich daran, dass unsere

Metropolen mittlerweile vornehmlich auf die Bedürfnisse des motorisierten Individualverkehrs zugeschnitten sind. Gerade die Autostadt Stuttgart nahm hier wiederum eine Vorreiterrolle ein: Auf die Zerstörungen des Krieges folgte in den Fünfziger- und Sechzigerjahren mit schwäbischer Gründlichkeit der Umbau zur autogerechten Stadt; der Abrisswut der Nachkriegszeit fielen mehr Gebäude zum Opfer als zuvor den Brandbomben der Alliierten, darunter architektonische und kulturgeschichtliche Kostbarkeiten wie das Kronprinzenpalais am Schlossplatz, das einem Verkehrstunnel weichen musste. Die Motorisierung der Bevölkerung erforderte zunächst die massive Verbreiterung und Erweiterung des Straßennetzes für den fließenden und dann, als logische Folge, die Schaffung von Parkplätzen und -häusern für den ruhenden Verkehr. Schließlich wird jedes Auto im Durchschnitt nur eine Stunde pro Tag benutzt, die restliche Zeit steht es in der Gegend herum und beansprucht Raum: Boden, der meist eigens für diesen Zweck versiegelt wurde und kaum andere Nutzung erlaubt.

Die beschauliche Vorortstraße meiner Kindheit etwa ist, schon so lange ich denken kann, auf ihrer gesamten Länge von geparkten Autos beansprucht, welche knapp die Hälfte der Fahrbahnbreite einnehmen: Das heißt, ein beträchtlicher Teil des öffentlichen und aus Steuermitteln finanzierten Straßenraums dient stillschweigend der Nutzung durch private PKW-Besitzer. »Stadtboden, der pro Quadratmeter Hunderte oder sogar Tausende von Mark wert ist«, kritisierte schon der

Soziologe und Begründer der Spaziergangswissenschaft Lucius Burckhardt, offensichtlich noch zu D-Mark-Zeiten, »kann ohne weiteres von einem parkierten Auto in Anspruch genommen werden.« Ich muss gestehen: Auch ich habe mich in den vergangenen fünf Jahrzehnten an diesen Anblick gewöhnt, meine lieben Eltern stellen ebenfalls ihr Auto dort ab – aber eigentlich ist die Situation absurd, keinem anderen Luxusgut würde man so viel Platz einräumen. Wenn man als Anwohner anstelle des PKW, sagen wir, eine Tischtennisplatte, eine Biertischgarnitur oder (Gott bewahre!) einen Fahrradständer auf die Straße stellen würde, wäre der Aufschrei enorm.

Weitere Folgen der Autobilisierung beinhalten den Bau von Fußgängerunterführungen, Zebrastreifen und Ampeln sowie die Ausweisung spezieller Bereiche, in denen Passanten unbehelligt von Verkehrslärm und ohne Gefahr, unter die Räder zu kommen, einkaufen können; die Schulstraße in der Stuttgarter Innenstadt, 1953 eröffnet, zählt zu den ersten Fußgängerzonen der Bundesrepublik. Auch die Zersiedelung des Umlands ist eine mittelbare Konsequenz dieser Entwicklung: Die flächendeckende Versorgung mit Automobilen machte auch Wohnlagen außerhalb der Kernstädte attraktiv, was die zunehmende Trennung von Wohnort und Arbeitsplatz nach sich zog, wie sie heute für unsere Lebenswelt prägend ist. Und nicht nur in der Landschaft – überall, in Ökonomie, Politik, Medien, Gesundheitssystem und Steuergesetzgebung, haben die Wiedergänger der Pferde ihre Huf- beziehungsweise Reifenspuren hinterlassen.

Pendlerpauschale und Kfz-Steuer, Blitzer- und Staumeldungen, Strafzettel und Sanifair-Bons, Vertragswerkstätten und Verkehrserzieher, Rettungssanitäter und Reifenhändler, Raststättenangestellte und Autobahnpolizisten, Scheibenwischwasserhersteller und Mautbetreiber sowie nicht zuletzt Jahr für Jahr rund 3000 Verkehrstote und 60 000 Schwerverletzte – all sie gibt es nur aufgrund des Automobils.

Von Friedrich Nietzsche stammt die denkwürdige (und daher vom Philosophen höchstselbst in Versalien gesetzte) medientheoretische Einsicht: »UNSER SCHREIBZEUG ARBEITET MIT AN UNSEREN GEDANKEN.« Analog dazu und auf das Auto bezogen könnte man formulieren: UNSER FAHRZEUG ARBEITET MIT AN UNSEREN GEDANKEN. Das Auto mit seiner psychischen Suggestivkraft, seinen Energie- und Platzansprüchen sowie seinen wahrhaft übermenschlichen Pferdestärken bestimmt, wie wir unsere Umwelt wahrnehmen und gestalten, uns durch Zeit und Raum bewegen. Würde man zum Science-Fiction-Mystizismus neigen, könnte man meinen, dass es sich bei PKWs um sinistre Wesen von einem anderen Stern handelt, die uns ihren Willen aufgezwungen haben – es handelt sich aber um unsere eigenen Kreaturen, die unter der Hand und unserem Hintern ein Eigenleben entwickelt haben. Die in etlichen dystopischen Hollywoodfilmen beschworene Herrschaft der Maschinen, sie hat längst begonnen.

Eine Vernissage unter Einfluss

Wie umfassend der Einfluss der motorisierten Pferde ist, zeigt sich in der baden-württembergischen Hauptstadt exemplarisch daran, dass selbst Künstlerinnen, Ausstellungsmacher, Konzertveranstalterinnen und Musiker, Menschen also, die von der Fahrzeugindustrie allenfalls mittelbar abhängig sind, sich immer wieder mit dem Auto und seinen infrastrukturellen Bedürfnissen auseinandersetzen – und sei es in kritischer Absicht.

Die Malerin Anna Ingerfurth etwa (von der auch das Umschlagmotiv dieses Buches stammt) verarbeitet in ihren aus alten Stuttgart-Bildbänden zusammengesampelten Collagen immer wieder die monströsen Infrastrukturbauwerke der Stadt: Auf einem Bild durchschneidet eine vielspurige Autobahntrasse den – seit den Sechzigerjahren für den Verkehr eigentlich gesperrten – Schlossplatz im Herzen der Stadt. Auf einem anderen werden Badende nicht vom berühmten Mineralwasser aus Bad Cannstatt, sondern vom nimmer versiegenden Verkehrsstrom auf dem Charlottenplatz umspült. Mal dient die sensationell unwirtliche Straßenunterführung am Österreichischen Platz als Schwimmbecken, mal trägt ein Kind einen Reifrock mit Mercedes-Stickerei, ein anderes hat, früh übt sich, das sternförmige Markenemblem auf seine Schulter tätowiert. Auch wenn das Auto selbst gar nicht konkret in

Erscheinung tritt, ist es als untergründige psychische Strömung doch immer dabei.

Auch in Bewegtbildern ist der Verkehr im Kessel – beziehungsweise dessen allfälliger Stillstand – immer wieder Thema. In einer *Tatort*-Folge mit dem bezeichnenden Titel »Stau« müssen die Stuttgarter Ermittler Thorsten Lannert und Sebastian Bootz ihre Nachforschungen auf der bereits erwähnten Neuen Weinsteige durchführen, einer der zentralen Ein- und Ausfallstraßen der Stadt. Hier stockt gerade, für Stuttgarter Zuschauer wenig überraschend, der Feierabendverkehr in Richtung Zentrum, was den Kriminalhauptkommissaren die Möglichkeit zur ausführlichen Befragung der Verkehrsteilnehmer gibt. Einer von ihnen, so die Vermutung, muss der Täter sein – nur eines ist klar: Das Opfer kam durch einen Verkehrsunfall ums Leben, der oder die Verantwortliche beging Fahrerflucht. Die Tatwaffe war, wie sollte es anders sein, ein Auto.

Die Stuttgarter Rap-Pioniere Die Fantastischen Vier schließlich, die neben Künstlern wie Freundeskreis, Massive Töne und Afrob maßgeblich für den Erfolg germanophonen Sprechgesangs verantwortlich sind, halten sich zwar eigentlich nach Kräften von überkommenen amerikanischen Hip-Hop-Klischees fern und übersetzen dessen Tropen ins Gutbürgerlich-Deutsche (»Zum einen hat's für mich den Sinn / Zu sagen, wer ich bin, / Zu beschreiben, wo ich herkomm', und da ist's halt nicht so schlimm«). Im Video zu ihrer Durchbruch-Single »Die da!?!« aus dem Jahr 1992 kutschieren sie aber doch nach Gangsta-Rapper-Manier im Cabrio durch ein malerisch heruntergekommenes Post-Wende-Leipzig und sammeln attraktive Ostbräute auf, die mit ihren Trabis am Straßenrand liegengeblieben sind; Rapper Smudo trägt, als Edel-Blingbling und Stuttgart-Referenz, dabei sogar eine Kette mit Mercedes-Stern um den Hals. Das Video sollte vermutlich ein humoristischer Beitrag zur Wiedervereinigung sein – es zeigt aber nicht zuletzt die unkaputtbare Liebe der Schwaben zur gut gewarteten Limousine.

Diese symbiotische Beziehung zwischen Kunst und Karosse reicht bis in die Infrastruktur: Gegenwärtig befindet sich eines der wichtigsten off-kulturellen Zentren der Stadt, der KULTUR Kiosk, in einer trockengelegten Tankstelle am Rand der Altstadt. Im dazugehörigen, immer noch für den Autoverkehr genutzten Züblin-Parkhaus finden regelmäßig Kunstausstellungen statt, sie stehen unter dem Motto FUMES & PERFUMES, frei übersetzt: ABGASE & AROMEN. Die Wände hinter den Stellplätzen sind mit großflächigen Bildmotiven tapeziert, ein Audioguide kommentiert auf Wunsch die Werke, während man die Rampe zum Obergeschoss emporfährt, die Kuratoren sprechen stolz von der »einzigen Drive-thru-Vernissage der Welt«. Ohne das Auto und die ihm gewidmeten Werke, so scheint es, geht es in dieser Stadt einfach nicht. Selbst die alternative Nutzung oder ironische Brechung bestätigen unfreiwillig dessen Vorherrschaft.

Das nächste Detroit?

Die bedeutendste Rolle spielt das Automobil aber natürlich nicht als Ideen-, sondern als Arbeitgeber. Über 215 000 Menschen sind im Großraum Stuttgart in der Automobilbranche tätig, das ist fast ein Sechstel der werktätigen Bevölkerung, die Arbeitslosenquote liegt mit ungefähr fünf Prozent deutlich unter der von anderen Großstädten. Dass selbst grüne Spitzenpolitiker aus der Landeshauptstadt es kaum wagen, der Vorherrschaft des PKW auch nur einen Kratzer zuzufügen, ist vor diesem Hintergrund beinahe verständlich: Bei den erwähnten Straßenblockaden der Aktionsgruppe Letzte Generation im Frühjahr 2022 outeten sich ausgerechnet der Stuttgarter Star-Grüne Cem Özdemir (»Erpressung«) sowie Ministerpräsident Winfried Kretschmann (»schwere Rechtsverletzungen«) als besonders scharfe Kritiker der Proteste.

Die wirtschaftliche Bedeutung der Automobilindustrie für die Region bringt vergleichsweise hohen Wohlstand mit sich, sie birgt aber auch Risiken: Schließlich hängen nicht nur die Fahrzeughersteller selbst, sondern auch zahllose Zulieferunternehmen vom Funktionieren dieses komplexen *Automotive Ecosystem* ab. »Insgesamt«, schreibt Jürgen Dispan, »gehen vom Automobil abhängige Wertschöpfung und Beschäftigung weit über das hinaus, was im statistisch abgegrenzten Wirtschaftszweig ›Herstellung von Kraftwagen und Kraftwagenteilen‹ zu Buche schlägt.« Neben Weltmarktführern wie Bosch oder dem (in dieser Hinsicht vermutlich einzigartigen) anthroposophischen Automobilzulieferer Mahle gehören zum Auto-Ökosystem im Großraum Stuttgart auch 400 kleine und mittlere Unternehmen, außerdem Forschungseinrichtungen, Hochschulinstitute sowie Unternehmen aus dem Dienstleistungsbereich, ihre Angebote reichen von der Gebäudereinigung bis zum Consulting. Diese Verflechtung bedeutet: Wenn die im Zentrum des Systems stehende Schlüsselindustrie einmal zu wanken beginnt, sind überproportional viele Arbeitsplätze in Gefahr. Seit einigen Jahren sind daher immer wieder Unkenrufe zu hören, Stuttgart könne wahlweise das »Ruhrgebiet des 21. Jahrhunderts« oder »das neue Detroit« werden – welche dramatischen wirtschaftlichen und sozialen Folgen die Abhängigkeit von einer industriellen Monokultur haben kann, ist in der Heimatstadt von General Motors, Ford und Chrysler bereits seit den 1960er Jahren zu beobachten.

Die größte Gefahr für den Stuttgarter Automobilarbeitsmarkt resultiert Jürgen Dispan zufolge vor allem aus zwei Faktoren: Erstens herrsche bei den schwäbischen *Big Two*, Daimler und Porsche, eine »Dominanz des Premiumsegments«, und zweitens konzentriere man sich hier weiterhin stark »auf den Antriebsstrang beziehungsweise auf Verbrennungsmotoren«. Anders und stark vereinfachend gesagt: Die Stuttgarter bauen vor allem teure Spritfresser – die Zeichen der Zeit stehen aber auf Dekarbonisierung, Digitalisierung sowie neue, intelligente Mobilitätskonzepte wie Carsharing, bei dem Luxuskarossen wie der Porsche Panamera oder ein Mercedes S-Klasse eher selten zum Einsatz kommen dürften. Ein weiteres spielentscheidendes Thema dürfte das autonome Fahren werden – dieses ist derzeit aber vor allem mit dem Namen des amerikanischen Herstellers Tesla verknüpft, der bereits seit 2016 sämtliche Fahrzeuge serienmäßig mit der hierfür nötigen Hardware ausstattet und in diesem Frühjahr im brandenburgischen Grünheide die erste Gigafactory auf deutschem Boden eröffnet hat. Wie sich der deutsche Automobilmarkt verändern wird, wenn dort erst einmal wie angestrebt alljährlich eine halbe Million vollelektrifizierter, selbststeuerungsfähiger und zudem vergleichsweise günstiger Fahrzeuge vom Band laufen, das wissen nur die Götter, Fachbereich Verkehrswirtschaft.

Immerhin scheint man auch in Stuttgart die veränderten Konstellationen und Zeichen der Zeit erkannt zu haben: Porsche montiert an seinem Stammsitz in Zuffenhausen seit 2019 den batteriebetriebenen Sportwagen Taycan; Daimler wiederum eröffnete unlängst in Sindelfingen eine neue, volldigitalisierte, CO_2-neutrale Werkshalle, wo mit dem Mercedes EQS die erste batteriebetriebene Limousine des Unternehmens produziert wird. Zu denken gibt nur, dass der Name dieses neuen Werks, *Factory 56,* Assoziationen an das verschwörungstheorienumwobene Testgelände der amerikanischen Armee in der Wüste von Nevada weckt: die *Area 51*, wo angeblich Operationen an Aliens und Untersuchungen an deren Fluggeräten durchgeführt werden.

Die Namenswahl legt immerhin den unguten Verdacht nahe, dass man Elektroautos insgeheim immer noch für UFOs hält und die Dekarbonisierung eher als ein Thema für Außerirdische betrachtet.

Dirty Blvd.

Zurück in die Gegenwart: Von den 67 Millionen in Deutschland zugelassenen Fahrzeugen haben immer noch 66 Millionen einen traditionellen Verbrennungsmotor, weitere 500 000 sind sogenannte Plug-in-Hybride, fahren also nur partiell elektrisch – auf deutschen Straßen stinkt es also immer noch ganz gewaltig. Zumal in Stuttgart, wo die Frischluftzufuhr durch die geographische Lage ohnehin stark eingeschränkt ist und der Anteil von privaten PKWs am Verkehrsaufkommen vergleichsweise hoch: Ungefähr 800 000 Fahrzeuge überqueren täglich die Stadtgrenzen und hinterlassen ihre fossilen Ausdünstungen im Kessel.

Auch wenn die Deutschen, zumal die Schwaben, international im Ruch stehen, besonders sauberkeitsversessen zu sein – wenn es um die Luftqualität in ihren Innenstädten geht, lassen sie gerne mal fünfe gerade sein. So wurden die Grenzwerte für Stickstoffdioxid in immerhin sechsundzwanzig deutschen Großstädten in der Vergangenheit so systematisch und gravierend überschritten, dass der Europäische Gerichtshof 2021 ein Urteil gegen die Bundesregierung aussprach: Sie habe den Verstoß gegen geltendes EU-Recht nicht nur jahrelang sehenden Auges hingenommen, sondern es auch unterlassen, adäquate Maßnahmen zum Schutz der Bevölkerung zu ergreifen. Das ist mehr als nur eine Frage der olfaktorischen Belästigung, sondern eine des schieren Überlebens: Mehr als 400 000 vorzeitige Todesfälle pro Jahr sind, Schätzungen der Europäischen Umweltagentur zufolge, in Europa auf die Luftverschmutzung zurückzuführen; Emissionen des Straßenverkehrs, vor allem älterer Dieselfahrzeuge, gelten dafür als eine der Hauptursachen. Wie versucht wird, diese Belastung zu reduzieren, ohne dabei die grundsätzliche Dominanz des Pferdes in Frage zu stellen, lässt sich wiederum gut in Stuttgart studieren, am besten an der mutmaßlich schmutzigsten Kreuzung von Deutschland: Am Neckartor.

Der Straßenname dürfte auch Menschen, die noch nie einen Bleifuß in den Stuttgarter Kessel gesetzt haben, geläufig sein – schließlich ist er bundesweit bekannt als Synonym für exorbitant überschrittene Feinstaub- und Stickstoffdioxidwerte. Über Jahre hinweg führte die hier platzierte Messstelle fast unangefochten die Top Ten der Orte mit der schlimmsten Luftverschmutzung in Deutschland an, 2005 wurden die EU-Grenzwerte hier im Jahresmittel an jedem zweiten Tag überschritten, im selben Jahr wurde gar der einsame Rekordwert von 120 Mikrogramm NO2 pro Kubikmeter Luft gemessen (zum Vergleich: Der gesetzliche Grenzwert liegt bei 40 Mikrogramm, die Empfehlung der

WHO sogar nur bei 10). Wenn die Vorgaben zur Luftreinhaltung hier ausnahmsweise eingehalten werden, ist das der *Stuttgarter Zeitung* durchaus eine Schlagzeile wert: »Bessere Luft in Stuttgart – Stickstoffdioxid erstmals unter dem Grenzwert«, titelte die Zeitung im November 2020.

Zum Fressen gern

Verantwortlich für solche Verbesserungen sind, neben Fahrverboten für ältere Dieselfahrzeuge, Geschwindigkeitseinschränkungen sowie die Corona-Krise, angeblich auch die sogenannten Feinstaubfresser. Es handelt sich hierbei um gigantische Luftfilteranlagen, die seit einigen Jahren entlang besonders belasteter Straßenabschnitte in Baden-Württemberg, so eben auch am Stuttgarter Neckartor, zu finden sind.

Von außen betrachtet handelt es sich um schlichte, anthrazitfarbige Würfel mit gitterförmig durchbrochener Metalloberfläche und einer Seitenlänge von ungefähr einem Meter, die entweder einsam auf dem Boden herumliegen oder zu Türmen von zwei oder drei Exemplaren aufgeschichtet sind – ihre technische Bezeichnung lautet entsprechend Filter Cube I, Filter Cube II oder Filter Cube III. Aus der Ferne sehen sie aus wie die Subwoofer eines jamaikanischen Soundsystems, mit dem Unterschied, dass keine basslastige Musik aus diesen Boxen pumpt, sondern Luft in sie hineingesogen und dort gereinigt wird: Im Inneren befindet sich ein Kombifilter, der mehr als achtzig Prozent der angesaugten Kohlendioxid- und Feinstaubpartikel binden soll.

Verglichen mit anderen Maßnahmen aus dem Luftreinhalteplan der Städte wie der Förderung des Fahrradverkehrs oder dem Ausbau des ÖPNV sei die Installation eines Filter-Cube-Netzes, so der Hersteller aus dem nahegelegenen Ludwigsburg, »überdurchschnittlich erfolgreich«. Einzig Fahrverbote kämen der Wirksamkeit der Wunderwürfel gleich – sie schränkten jedoch »nicht nur den Liefer- und Pendlerverkehr stark ein, sondern halten auch Konsumenten von Innenstädten fern.« Saubere Luft, gute Geschäfte, keine Fahrverbote, und die Investitionen bleiben im Ländle: eine echte Win-win-win-win-Situation! Klingt zu schön, um wahr zu sein.

Ist es womöglich auch nicht. Als ich im Spätsommer 2021 an der sechsspurigen Straße entlangflaniere, zähle ich nicht weniger als 65 Feinstaubfresser auf dem vielleicht einen Viertelkilometer langen Abschnitt zwischen dem Neckartor und der nächsten Kreuzung. Wenn man bedenkt, dass die Anschaffung eines Würfels satte 20 000 Euro kostet, haben die Stadtväter hier im wahrsten Sinne des Wortes nicht gekleckert, sondern *geklotzt*: 1,3 Millionen Euro wurden in die Fresspakete gesteckt, laufende Kosten nicht mitgerechnet. Aber wenn's einem guten Zweck dient? Im »personenrelevanten Bereich«, also auf den Fußgängerwegen entlang der Hauptverkehrsstraße, so verspricht der Hersteller, werde die Zahl schädlicher Abgaspartikel durch die Filter um bis zu dreißig Prozent gesenkt – die weitaus wirkungsmächtigere Funktion der Filter Cubes scheint mir da jedoch noch gar nicht mitbedacht: Die Zahl der Personen, die hier zu Fuß unterwegs und daher von Luftverschmutzung betroffen sind, wird durch die Feinstaubfresser sogar um hundert Prozent gesenkt, aus dem schlichten Grund, dass auf dem Gehweg aufgrund der Boxentürme objektiv kein Durchkommen mehr möglich ist. Selbst als leidlich trainierter, gelenkiger und risikofreudiger Mensch muss ich jedes Mal, wenn ich an einen der Filter Cubes gelange, minutenlang auf eine Lücke im fließenden Verkehr warten, bevor ich auf die Bundesstraße hechten und das Hindernis zügigen Schrittes umgehen kann.

Beim Blick auf die am gegenüberliegenden Straßenrand befindlichen Gebäude wird auch schnell klar, wer hier die Lufthoheit hat: Am einen Ende des Abschnitts befindet sich das Prüfzentrum des ADAC, am anderen eine Tankstelle, die Schwabengarage sowie mehrere weitere Autohäuser. Ungefähr in der Mitte des Abschnitts, im Windschatten von vier dicht hintereinander aufgereihten Filter-Cube-3-Türmen, entdecke ich endlich das wichtigste Bauwerk der Gegend: einen mit Kabeln, Rohren und Sensoren bestückten Metallkasten wie von Dr. Emmett »Doc« Brown, dem verrückten Wissenschaftler aus der *Zurück in die Zukunft*-Trilogie, entworfen. Die sagenumwobene Messstelle, die nun endlich die gewünschten Ergebnisse liefert.

Würfelhusten

Ich wage mich mal mit einer kühnen Behauptung aus der Deckung der Messstelle: Dass die Filter Cubes signifikant zur Verbesserung der Luftqualität im Stuttgarter Talkessel beitragen, glauben die Verantwortlichen hoffentlich selbst nicht. Bereits ein flüchtiger Blick auf den offiziellen Abschlussbericht zum Pilotprojekt Neckartor aus dem Jahr 2020 zeigt, dass der Nutzen allenfalls punktuell ist: Im unmittelbaren Umfeld der Feinstaubfresser beträgt die Minderungswirkung tatsächlich über vierzig Prozent – aber schon wenige Meter weiter bewegt sie sich allenfalls im Promillebereich, und sobald man um die nächste Straßenecke biegt, ist die Wunderwirkung so gut wie verflogen. Wollte man die Luftqualität mithilfe dieser Technik tatsächlich substanziell verbessern, müsste man vermutlich die bestehende Bausubstanz komplett abreißen und durch Neubautürme aus Feinstaubfressern ersetzen. Zugegeben: keine realistische Option – aber auch nicht viel abwegiger als der Gedanke, man könne mithilfe dieser Hexenbesen mehr als nur die Messergebnisse tweaken.

Die weitaus wichtigere Funktion der Geräte besteht denn auch in ihrer symbolischen Bedeutung: Der Feinstaubfresser kann *pars pro toto* für den in Deutschland populären fortschrittsoptimistischen Glauben stehen, dass die Herausforderungen der Gegenwart kein grundsätzliches Umdenken oder gar einen Systemwechsel erforderten, sondern sich durch technische Innovationen lösen lassen – eine Strategie, welche die Theoretikerin Donna Haraway als *techno fix* bezeichnet. Der Feinstaubfresser steht in diesem Sinn für die Verschachtelung zweier eigentlich unvereinbarer Vektoren, nämlich einerseits der ökonomischen Logik des unbegrenzten Wachstums sowie andererseits ders ökologischen Erfordernis von Beschränkung und Verzicht. Konkret: Wir fahren tendenziell immer leistungsstärkere Autos, die PS-Zahl der in Deutschland neu zugelassenen PKWs hat sich seit 1990 verdoppelt – zugleich wollen wir aber bis 2045 klimaneutral werden. Wir (oder doch zumindest fünfzehn Prozent der Wähler) wollen die Grünen in Regierungsverantwortung sehen – wir wollen uns von ihnen aber auch nicht das Stück Fleisch in der Kantine oder den sauer verdienten SUV vermiesen lassen. Wir wollen die Autoabgase zugleich produzieren und negieren, wollen den Feinstaub ausstoßen und wieder auffressen, oder wie man in Anlehnung an ein englisches Bonmot sagen könnte: *We want to eat the dust and have it, too.*

Seinen wohl triftigsten Ausdruck findet das Prinzip Feinstaubfresser derzeit in den Bemühungen der rot-grün-gelben Bundesregierung, die Energiewende mit Scheinmaßnahmen wie der erwähnten Umstellung der Fahrzeugflotte auf Elektromobilität zu erreichen. Der grüne Lieblingspolitiker Robert Habeck ist dabei in einem Spagat gefangen, dessen gegensätzliche Pole durch die Bezeichnung seines Kabinettspostens – »Minister für Wirtschaft *und* Klimaschutz« – bereits hinreichend umrissen sind. Eine von Habecks ersten Amtshandlungen als Bundesminister bestand denn auch darin, eine Verlängerung der Innovationsprämie, also der erhöhten staatlichen Förderung für den Kauf von Elektroautos, zu verkünden. Es sollen also nicht weniger PKWs auf die Straße – ihre Emissionen sollen nur etwas weniger sichtbar sein, da sie vom Auspuffrohr abgekoppelt und in die Stromerzeugung und Batterieherstellung verlagert werden, vom extrem energieintensiven Bau der Fahrzeuge selbst ganz zu schweigen.

Die gegenwärtige Fokussierung auf den Heilsbringer E-Mobilität stellt also vor allem eine räumliche Verschiebung des Problems dar, sie ist ein typisches Manöver der »Externalisierungsgesellschaft«, wie der Soziologe Stephan Lessenich sie nennt: Wir leben nicht über unsere Verhältnisse – wir leben über die Verhältnisse anderer Orte, Menschen und Generationen. Es sei eine bevorzugte Lebenslüge der Wachstumswirtschaft, schreibt entsprechend der Zukunftsforscher Harald Welzer, »dass mit der so genannten Decarbonisierung die Probleme schon gelöst seien – wenn der Umfang des Stoffwechsels weiter wächst, wächst auch die Zerstörung weiter, CO_2 hin oder her«. Ein Auto bleibe eben ein Auto, so Welzer – und wenn man die komplette Mobilitätsinfrastruktur elektrifizieren wolle, sei klar, dass das unfassbare Mengen an Energie erfordere: »Dieser Strom muss irgendwie erzeugt werden, das ist ein Regress ohne Ende.« Anders gesagt: Wer auf Elektroautos zur Rettung des Weltklimas setzt, zäumt den Gaul am Schwanz auf. Mit technischen Innovationen allein kommen wir nicht weiter: Das Prinzip Pferd, das seinem Wesen nach immer weitere Zuchterfolge und PS-Zuwächse erfordert, ist an seine Grenzen gekommen.

Equus asinus 4.0

Am Tag nach meinem Ausflug zu den Feinstaubgourmands vom Neckartor sitze ich mit Christoph Link, dem örtlichen Vorsitzenden des Verkehrsclubs Deutschland, in einem Hinterhof im Stuttgarter Westen. Das heißt, Hinterhof ist übertrieben: Es handelt sich um das hintere Ende eines Parkplatzes, der sich auf hundert Metern Länge zwischen Wohnhäusern, Werkstätten und Lagerhallen erstreckt, der Boden ist von Wand zu Wand versiegelt. Wo wir sitzen, wuchert immerhin ein bisschen frisches Grün aus zu Hochbeeten verschraubten Europaletten, Kräuter, Salat, ein Feigenbaum, der genossenschaftlich betriebene Bioladen nebenan betreibt hier Urban Gardening, eine Mitarbeiterin zieht einen Schlauch über den Hof und befeuchtet vor dem Einsetzen der Mittagshitze die Pflanzen.

Auch Christoph Link hält die Aufstellung der Feinstaubfresser vor allem für eine Symbolhandlung: »Das kann ja nicht die Lösung sein, dass man die überall aufstellt. Man muss doch die Ursachen bekämpfen!« Der VCD-Vorsitzende spricht leise, bedächtig, er ist bald siebzig Jahre alt, arbeitet seit mehr als vier Jahrzehnten als Verkehrsplaner in Stuttgart, daneben unterrichtet er Nachhaltige Mobilität an einer Hochschule im nahegelegenen Nürtingen. Natürlich spiele die Luftqualität eine Rolle, fährt Link fort – aber das Hauptproblem sei doch die grundsätzliche Dominanz des Autoverkehrs, »egal wo man ist: Es wird überall geparkt, es ist überall Straßenverkehr, und das schränkt einfach die Lebensqualität ein.« Der VCD fordere daher: eine Regelgeschwindigkeit von dreißig Stundenkilometern für den Autoverkehr in den Städten. Ein dichtes, gut getaktetes und gewartetes Netz an öffentlichen Nahverkehrsmitteln. Eine gezielte Förderung des Zu-Fuß-Gehens, etwa durch Wegweiser, konsequente Ahndung zugeparkter Trottoirs und fußgängerfreundliche Ampelschaltungen. Sowie natürlich nicht zuletzt: die Förderung des Fahrradverkehrs.

Tatsächlich sei gerade in dieser Hinsicht, so Christoph Link, in Stuttgart viel passiert: Es gebe hier einen sehr aktiven ADFC (Allgemeiner Deutscher Fahrrad-Club), es gebe Bürgerinitiativen wie den Radentscheid oder die *Critical Mass*-Bewegung, ja 2019 habe es sogar einen Gemeinderatsbeschluss gegeben, Stuttgart zu einer fahrradfreundlichen Stadt zu machen, in seiner Folge wurden mehrere finanzstarke Förderprogramme für Fahrradfahrer aufgelegt. So können Käufer von Lastenrädern einen Zuschuss von bis zu 1500 Euro beantragen; das Roller-Programm unterstützt Mopedfahrer, die von ihrem Zweitakter aufs Fahrrad umsteigen; und 2021 bekamen alle Beschäftigten der Stadt, immerhin

15 000 Personen, alternativ zum klassischen Dienstwagen das Angebot für ein Jobrad.

»Und die Topographie?«, frage ich skeptisch: die Hänge und Hügel, die Hasen- und Killesberge, Uhlands- und Wilhelmshöhen, Birken- und Frauenköpfe, Alten und Neuen Weinsteigen? Ich muss zurück an meine Schulzeit denken, an schweißtreibende, muskelübersäuerte Touren aus dem Talkessel nach Hause, 350 Höhenmeter, meist stehend in den Pedalen, mit meinem massiven Dreigangrad – wie soll man als normal trainierter, nicht mehr ganz so jugendlicher Radfahrer das schaffen?

Christoph Link lächelt, deutet auf sein eigenes Gefährt, das im Schatten eines Europaletten-Beetes geparkt ist: »Mit dem Pedelec«, sagt er, die Fachsprache lässt den Ingenieur erkennen, »sind die topographischen Probleme nicht mehr relevant.«

Klar, denke ich: Fahrradtechnisch bin ich hoffnungslos veraltet und in meiner Elektromobilitätsaversion vielleicht auch ein bisschen verbohrt – es gibt ja nicht bloß E-Autos, sondern auch E-Bikes! Auch vor dem Fahrrad machen die Zuchtbemühungen nicht halt, auch hier hat in den vergangenen Jahren ein evolutionärer Rösselsprung stattgefunden. Vielleicht, denke ich, wird das Pferd also ausgerechnet von seinem ewig belächelten Gattungsgenossen, vom *equus asinus* beerbt. Vielleicht naht die Rettung in Form des Fahrrads – oder wie man in scherzhafter Reittiermetaphorik sagt: des Drahtesels.

Prinzip Waldi

Im Kessel werden Cremes angerührt und der Rest des Landes reibt sich damit ein

Das vielleicht Erstaunlichste an der Anthroposophie, jener vor gut hundert Jahren erdachten Weltanschauung, welche unter anderem der Waldorfpädagogik zugrunde liegt, ist ihre flächendeckende Verbreitung. Was 1919 mit einer privaten Schulgründung begann, hat sich mittlerweile zu einem globalen Bildungsimperium entwickelt: Es gibt heute fast 1500 Waldorfschulen weltweit, knapp 250 davon befinden sich in Deutschland, und sie werden beileibe nicht nur von hartgesottenen Anthroposophen besucht: Selbst esoterischer Einstellungen denkbar unverdächtige Machtmenschen wie Helmut Kohl oder Franz Josef Strauß ließen ihren Kindern eine anthroposophische Erziehung angedeihen. Dass Waldorfschüler sich liebevoll-selbstironisch als *Waldis* bezeichnen, ist vor diesem Hintergrund passend: Anthroposophische Schulen und Kindergärten sind mittlerweile so verbreitet und so typisch für unser Land wie ehedem der deutsche Jagddackel.

Aber auch jenseits der pädagogischen Sphäre, namentlich in Kühlschränken, Kinder- und Badezimmern, ist die Steiner'sche Weltanschauung allgegenwärtig. Lebensmittel aus biologisch-dynamischem Anbau erfreuen sich auch unter Nicht-Anthroposophen enormer Beliebtheit, Wachsmalkreiden bekommen auch meine Kinder nur vom Waldorf-Hauslieferanten Stockmar, und nicht zuletzt im Bereich der höherpreisigen Kosmetikartikel sind anthroposophisch geprägte Marken führend: Wer ohne Produkte von Weleda, Speick oder Dr. Hauschka im Badezimmerschrank ist, werfe die erste Seife. Die Anthroposophie ist gewissermaßen über Haut und Haare in unsere Körper eingezogen.

Singen und Klatschen

Das Zweiterstaunlichste an der Anthroposophie ist, dass die überwältigende Mehrzahl der Deutschen, trotz der Allgegenwart ihrer Produkte und pädagogischen Konzepte in ihrer Lebenswelt, nur so wenig über diese Weltanschauung weiß. Sicher, etliche werden die markante Roggenkamp-Schrift, die etlichen Waren und Institutionen aus der anthroposophischen Ecke ihren typischen Touch gibt, als irgendwie waldorfnah einordnen. Und wenn auf Parkverbotsschildern an privaten Einfahrten zu lesen ist: »Für Autofahrer, die nur Singen und Klatschen in der Schule hatten: Dies ist ein Parkplatz! Hier fahren Autos rein!«, dürften die meisten Beobachter haarscharf erkennen, dass es sich hier um einen plumpen Scherz auf Kosten der Waldorfpädagogik handelt. Aber über solche kursorischen Klischees ragt das Wissen oft kaum hinaus.

Meine Frau und ich benutzen zum Beispiel bevorzugt das Waschmittel eines anthroposophischen Herstellers vom Bodensee, weil wir das darin enthaltene Minze-Zitrone-Aroma schätzen und das Produkt als vergleichsweise ökologisch korrekt gilt – aber weshalb das darin enthaltene Wasser vor der Produktion in zwölf eiförmigen Glaswirblern »energetisiert« und das Präparat anschließend »in einem oloidförmigen Behältnis rhythmisiert« wurde und wie sich das auf seine Waschkraft auswirkt: keine Ahnung. Wenn ich das fragliche Mittel in den Einfüllstutzen unserer Waschmaschine kippe, fühle ich mich immer wie jemand, der geweihte Hostien knabbert und dazu Messwein trinkt – aber nicht etwa, weil er an die Transsubstantiationslehre glaubt und meint, damit den Leib und das Blut des christlichen Erlösers zu sich zu nehmen, sondern schlicht und ergreifend, weil ihm das Zeug so gut schmeckt und Oblaten aus katholischer Herstellung halt besonders knusprig sind.

Wie also ist dieses Paradox zu erklären? Wie konnte eine ursprünglich esoterische Strömung in einem vermeintlich wissenschaftsgläubigen Land wie der Bundesrepublik so einflussreich werden? Wie wirkt sich die Anthroposophie auf unseren Alltag aus? Und was hat das alles mit Stuttgart zu tun?

Versteinertes Stuttgart?

Wenn im Vorangehenden von *der anthroposophischen Weltanschauung* die Rede gewesen ist, so stellt dies zugegebenermaßen eine extreme Vereinfachung dar. »Die Anthroposophie«, schreibt der Religionswissenschaftler Helmut Zander, der sich seit Jahrzehnten intensiv mit Rudolf Steiner und dessen Lehre befasst hat, sei »kein Monolith, sondern ein hochdifferenziertes Milieu, von freundschaftlich verbundenen bis in bittere Feindschaft verharkten Gruppen, von Einzelgängern und kampfstarken Lobbygruppen, (...) von betonharten Dogmatikern und liberalen Diskutanten«. Welche dieser Fraktionen überwiegt und wie ihre Anhänger in relativen Zahlen zu gewichten sind, vermag ich nicht zu beurteilen – ich kann nur sagen, dass ich persönlich fast ausschließlich mit liberalen, wenig »versteinerten« Anthroposophen zu tun hatte und teilweise bis heute in enger freundschaftlicher Verbindung stehe.

In der Tat dürfte es fast unmöglich sein, in Stuttgart zu leben, ohne in irgendeiner Form mit der Anthroposophie in Berührung zu kommen. Im Stadtgebiet selbst befinden sich sage und schreibe fünf Waldorfschulen, darunter die von Steiner gegründete Ur-Waldorfschule auf der Uhlandshöhe; betrachtet man die gesamte Region, kommt noch ein Dutzend Einrichtungen dazu. Der Bund der Freien Waldorfschulen (BdFWS), welcher die Interessen der über 250 Schulen in Deutschland vertritt, hat in Stuttgart seinen Sitz, die großen anthroposophischen Verlage Urachhaus und Freies Geistesleben sind hier beheimatet, außerdem die Freie Hochschule Stuttgart, an der die Lehrerausbildung stattfindet, sowie das erste Priesterseminar der anthroposophisch geprägten Christengemeinschaft. Der Großraum Stuttgart verfügt zudem über die höchste Dichte an »künstlerisch gestalteten Utilitätsbauten«, mehr als die Hälfte aller anthroposophischen Kliniken befindet sich in Baden-Württemberg, außerdem ein Drittel aller Demeter-Höfe. Das Feld ist weit.

Kulminationspunkt und Integrationsfigur für all diese Institutionen, Firmen und Verbände ist die Persönlichkeit von Rudolf Steiner, 1861 im heutigen Kroatien geboren und 1925 im schweizerischen Dornach gestorben, wo sich bis heute der Sitz der Allgemeinen Anthroposophischen Gesellschaft, das sogenannte Goetheanum, befindet. Mit Johann Wolfgang von Goethe, dem zu Ehren das Zentrum in Dornach benannt ist, hatte Steiner sich bereits als Student beschäftigt: Seine erste veröffentlichte Schrift trug den Titel *Grundlinien einer Erkenntnistheorie der Goetheschen Weltanschauung mit besonderer Rücksicht auf Schiller*; bereits mit Anfang zwanzig arbeitete Steiner als Herausgeber von Goethes naturwissenschaftlichen Werken; ein paar Jahre später erhielt er sogar eine Stelle am frisch gegründeten Goethe-und-Schiller-Archiv, um an der Weimarer Ausgabe mitzuarbeiten.

Das Vorbild des deutschen Nationaldichters und Universalisten zeigt sich aber nicht nur im Umfang des

Steiner'schen Werks (die Gesamtausgabe umfasst etwa 400 leinengebundene Bände), sondern auch in der gewaltigen, wahrhaft goetheanisch anmutenden Spannbreite der verhandelten Themen. So äußerte sich Steiner nicht nur zu Fragen der Religion und Philosophie, sondern auch zu Literatur, Architektur und Kunst, Musik und Farbenlehre, Medizin und Medientheorie, Ernährungswissenschaft und Traumdeutung, Bienenzucht und Schmetterlingsforschung und eben nicht zuletzt auch immer wieder zu Fragen der Pädagogik. Daneben begründete er die obligatorisch an Waldorfschulen und -kindergärten gelehrte Bewegungskunst, die sogenannte Eurhythmie.

Die Verehrung, die Johann Wolfgang von Goethe bis heute unter Anthroposophen erfährt, zeigt sich nicht zuletzt im Werbeslogan der umsatzstärksten deutschen Drogeriemarktkette dm, die von dem unlängst verstorbenen Anthroposophen Götz Werner gegründet wurde: »Hier bin ich Mensch, hier kauf ich ein.« Der begeisterte Ausruf, den Goethes Faust beim Osterspaziergang angesichts der frühlingshaft aufblühenden Massen tut (»Hier bin ich Mensch, hier darf ich's sein!«), wird gewissermaßen ins Konsumistische verschoben: Aus *dürfen* wird *brauchen*, aus Freude an der freien Natur das Eintauchen in die freie Marktwirtschaft. Die Auferstehung des Körpers, so suggeriert die Adaption des Goethe-Zitats, ist vor allem eine Frage der richtigen Pflegeprodukte.

Möglicherweise offenbart sich hier, am Werbespruch eines Drogerieunternehmens, aber auch einer der attraktivsten Aspekte der Anthroposophie insgesamt: Das zentrale Versprechen der Steiner'schen Weltanschauung, so Helmut Zander, sei, »dass alles, was es gibt, einen spirituellen Sinn habe« – also auch der tägliche Einkauf von Waschmitteln, Windeln oder Körpercremes. Konsum als ganzheitliche Erfahrung: Wer durch die – natürlich nicht in rechten Winkeln, sondern schräg im Raum aufgestellten – Regalreihen eines dm-Marktes schlendert, kann sich einreden, dass er nicht bloß schnöde shoppt, sondern Körper, Seele und Geist etwas Gutes tut.

Ein stiller Schnupfen

Natürlich ist Goethe beileibe nicht der einzige Denker, der Rudolf Steiner beeinflusste. Er las Immanuel Kant, stieß sich aber an dessen epistemologischer Skepsis – Steiner drängte es nach Einblick in das »Ding an sich«, er wollte wissen, was die Welt im Innersten zusammenhält, strebte nach unmittelbarer Erkenntnis. Er beschäftigte sich mit dem Evolutionsbiologen Ernst Haeckel, promovierte über den idealistischen Philosophen Johann Gottlieb Fichte, interessierte sich für den französischen Okkultisten Éliphas Lévi, war zwischenzeitlich Nietzscheaner und trat schließlich der Theosophischen Gesellschaft von Annie Besant bei.

Der Einfluss dieser spirituellen Richtung auf Steiners

Denken ist kaum zu unterschätzen: Seine Ablehnung des naturwissenschaftlichen Materialismus sowie der damit einhergehende Glaube, dass es eine höhere Welt des Geistes gebe, die allen körperlichen Manifestationen vorausgehe, waren ein Erbe der Theosophie. Auch die Vorstellung, dass man – etwa durch Meditation oder andere Techniken – Einsicht in diese den physischen Sinnesorganen nicht zugängliche Sphäre gewinnen könne, war ursprünglich ein theosophischer Gedanke.

Tatsächlich waren solche Vorstellungen zu Beginn des zwanzigsten Jahrhunderts weit verbreitet, sie lagen quasi im Äther. Selbst ein braver kaiserlich-königlicher Versicherungsbeamter wie Franz Kafka fühlte sich zeitweise zur Theosophie hingezogen und suchte nach einem Vortrag von Rudolf Steiner in Prag bei diesem persönliche Lebenshilfe. Beim Schreiben werde er manchmal von »hellseherischen Zuständen« erfasst, von denen er vermute, dass sie jenen des verehrten Doktor Steiner ähneln könnten – allerdings sei er mit seinem Doppelleben als Büroangestellter und Autor bereits mehr als ausgelastet, ob der Herr Doktor ihm denn zutraue, sich als dritte Pflicht im Leben auch noch der Theosophie zuzuwenden? Die Reaktion Steiners, so stellt es zumindest Kafka in seinem Tagebuch dar, war enttäuschend: »Er nickte von Zeit zu Zeit, was er scheinbar für ein Hilfsmittel einer starken Konzentration hält. Am Anfang störte ihn ein stiller Schnupfen, es rann ihm aus der Nase, immerfort arbeitete er mit dem Taschentuch bis tief in die Nase hinein, einen Finger in jedem Nasenloch.« Weiter kamen die beiden nicht.

Die Begegnung zwischen Steiner und Kafka fand im März 1911 statt. Ein Jahr später sagte Rudolf Steiner sich, zumindest dem Namen nach, von der Theosophie los und gründete die Allgemeine Anthroposophische Gesellschaft, welche – mit einer verbotsbedingten Unterbrechung während der Zeit des Nationalsozialismus – bis heute existiert. Die begriffliche Verschiebung vom *theos* zum *anthropos,* von Gott zum Menschen, dürfte dabei mehr als nur der Schärfung des eigenen Profils gegolten haben. Sie markiert die Wendung Steiners hin zu konkreten lebensweltlichen Praxisfeldern, und das bedeutet neben Medizin und Landwirtschaft nicht zuletzt: Pädagogik. Im Frühjahr 1919, der Erste Weltkrieg war noch kein halbes Jahr vorbei, trat ein Stuttgarter Industrieller namens Emil Molt an Steiner mit der Bitte heran, pädagogische Richtlinien sowie den Lehrplan für eine neue Schule zu erarbeiten: Diese sollte den Kindern der Arbeiterinnen und Angestellten in Molts Waldorf-Astoria-Zigarettenfabrik »die gleiche Erziehung und Ausbildung angedeihen (...) lassen wie den Kindern begüterter Eltern«. Steiner willigte ein und hielt im Spätsommer vor siebzehn handverlesenen Kandidaten seinen sogenannten Lehrerkursus ab. Molt kaufte derweil für eine halbe Million Mark das beliebte Ausflugscafé Uhlandshöhe und ließ es als Schulgebäude herrichten, und bereits im September 1919 wurde die nach der Zigarettenmarke benannte Bildungseinrichtung feierlich eröffnet: Die erste Waldorfschule war geboren.

Mittlerweile stellt die Waldorfschulbewegung, in den Worten des Bildungsforschers Heiner Barz, ein »weltumspannendes NGO-Konglomerat« dar: Es dürfte sich um den erfolgreichsten Bildungssystemexport der Welt handeln, ein weiteres Beispiel für die beinahe sämtliche Aspekte des Lebens umfassende Globalisierung. Es gibt heute Waldorfschulen in Ägypten, Argentinien, Armenien, Australien, Brasilien, Chile, China, Guatemala, Indien, Israel, Japan, Kanada, Kasachstan, Kenia, Kirgisistan, Kolumbien, Mexiko, Namibia, Nepal, Neuseeland, Peru, Philippinen, Südafrika, Südkorea, Tadschikistan, Taiwan, Tansania, Thailand, den USA sowie natürlich in Europa, zumal in der Schweiz und in Deutschland, wo rund ein Sechstel aller Schulen beheimatet ist. Deren Epizentrum befindet sich nach wie vor in Stuttgart – nur die bauliche Keimzelle existiert nicht mehr: Das einstige Café Uhlandshöhe musste 2017 einem Neubau weichen. Das Gebäude in Halbhöhenlage ist weithin sichtbar, unschwer zu erkennen an der pastellroten Fassade sowie der weitgehenden Abwesenheit von rechten Winkeln.

Osmotisch, praktisch, gut

Es war das explizite Bestreben von Rudolf Steiner, dass die Waldorfschule »keine Weltanschauungsschule« sein solle, in der die Kinder »mit anthroposophischen Dogmen« vollgestopft werden – was allerdings nicht heißt, dass die von ihm begründete Lehre bei der Erziehung völlig außen vor bleibt: Sie sollte eher unterschwellig, osmotisch vermittelt werden. »Man muss sich bemühen, möglichst ohne dass man theoretisch Anthroposophie lehrt, sie so hineinzubringen, dass sie darinnensteckt«, wie Steiner auf einer der ersten Waldorflehrerkonferenzen formulierte. Betrachtet man die Omnipräsenz anthroposophischer Einrichtungen, Unternehmen und Produkte im bundesdeutschen Alltag, muss man sagen: Die von Steiner angestrebte undogmatisch-praktische Osmose ist gelungen.

Die Wirkung ist dabei einerseits nach innen gerichtet, betrifft also den anthroposophischen Organismus selbst: Eine Schlüsselrolle, so Bildungsforscher Barz, komme den Waldorfschulen bereits deswegen zu, »weil die Anthroposophie damit über eigene Sozialisationsinstitutionen zur Traditionsweitergabe und Nachwuchsrekrutierung verfügt«. Konkret und etwas weniger militärbürokratisch formuliert: Etwa die Hälfte aller Ehemaligen schicken ihre Kinder wieder auf eine Waldorfschule – was man als positive Bestätigung dafür werten darf, dass die Waldorfabsolventen mit ihrer Schulzeit ausgesprochen zufrieden waren. Selbst ein alter Waldorfapostat, wie ich es bin, dürfte von seiner bald fünf Jahrzehnte zurückliegenden Kindergartenphase geprägt sein: Selbstverständlich kommt bei uns morgens ungesüßter Zuckerrübensirup aufs Mehrschrotbrot, und natürlich bin auch ich insgeheim der Ansicht, dass Holzspielzeug per se pädagogisch wertvoller ist als solches aus Plastik – obwohl mein Sohn Letzteres klar vorzieht und auch ich, wenn ich ehrlich bin, als Kind lieber mit Playmobil gespielt habe als mit Ostheimer-Reformspielzeug aus Laubholz.

Aber auch die Wirkung nach außen dürfte nicht zu unterschätzen sein: Einerseits stellt die Waldorfschule den in Deutschland raren Typus einer Einheitsschule dar und steht damit in prägnantem Gegensatz zu dem stark sozialselektiven dreigliedrigen Schulsystem, das schon früh über Bildungsbiographien entscheidet. Bezeichnenderweise liegt die Ur-Waldorfschule Uhlandshöhe in der bereits skizzierten Halbhöhenlage zwischen Kesselrand und Tal – als wollte sie bereits räumlich zwischen oben und unten vermitteln. »Der Ursprungsgedanke, der zur Gründung dieser Schule führte, war in erster Linie ein sozialer«, so Emil Molt. »Lag doch die Einsicht vor, daß die soziale Kluft erst beginnen könne sich zu schließen, wenn die Erziehungsfrage nicht mehr allein vom Geld abhängig sei.« Ein progressiver, ja geradezu prophetischer Gedanke.

Ob dieser hehre Anspruch heute noch vollumfänglich verwirklicht ist, sei in Frage gestellt: Die meisten Waldorfschülerinnen und -schüler kommen mittlerweile aus der gehobenen Mittelschicht, die soziale Durchmischung ist vergleichsweise schwach. Dennoch stellen Waldorfschulen – und ich meine das im bestmöglichen Sinne – einen Stachel im Fleisch des dominanten, dreigliedrigen Schulsystems dar: Sie sind der lebende Beweis dafür, dass eine Einheitsschule funktionieren kann. Zugleich konservieren und aktualisieren sie wichtige Konzepte der Reformpädagogik der 1920er Jahre: die Vorstellung, dass Lernen stressfrei sein, ja sogar

Spaß machen kann. Dass es in der Schule neben Kognition und Wissensvermittlung auch auf die Entwicklung einer Persönlichkeit und den Erwerb sozialer Kompetenzen ankommt. Dass neben mathematisch-naturwissenschaftlichen auch kreative, handwerkliche und musische Fähigkeiten nicht zu kurz kommen dürfen – all diese eher »weichen«, alternativen Lernkonzepte finden sich, wenn man den Aussagen von Absolventen folgen möchte, in Waldorfschulen geradezu idealtypisch verkörpert. Ja sie sind mittlerweile sogar, obgleich oftmals in stark verdünnter Form, ins staatliche Schulsystem eingesickert: Auch hinter dem wilhelminischen Backsteinkasten, der die staatliche Grundschule meines Sohnes beherbergt, gibt es inzwischen einen Schulgarten – der ist allerdings, das sei neidlos eingestanden, nicht annähernd so groß, einladend und artenreich wie jener der nächsten Waldorfschule.

Ein Quäntchen Trost

Ein Blick in den Spiegel oder besser: auf das Ablagebord über unserem Waschbecken. Ich sehe ein Flakon mit Citrus-Deo aus dem Hause Weleda, daneben stehen ein Fläschchen mit Augen-Make-up-Entferner sowie eine Tube Melissen-Tagescreme von Dr. Hauschka, außerdem ein Frische-Duschgel, eine Calendula-Salbe und ein Tiegel mit Körperbutter, alle drei ebenfalls von Weleda. In einer Ecke des Badezimmers entdecke ich einen WC-Reiniger aus dem Hause Sonett, studiere erstmals die auf die Flasche gedruckte Liste mit Inhaltsstoffen: Bei Ahriman! Das Zeug, mit dem wir unsere Kloschüssel schrubben, enthält tatsächlich »natürliche ätherische Öle aus Minze und Myrthe aus kontrolliert biologischem Anbau und Wildsammlung«, und das Wasser ist zu hundert Prozent »gewirbelt« – ich nehme an, schon bevor es durch das Fallrohr in die Kanalisation gestrudelt ist. Zusammenfassend: Unser Badezimmer ist ein wahrer Showroom für anthroposophische Reinigungsmittel und Pflegeprodukte.

Dies dürfte ein weiteres Indiz für die Wirkmacht Rudolf Steiners, seiner Weltanschauung und Pädagogik sein: Sie bringt nicht nur Lehrerinnen und Erzieher, Ärztinnen und Architekten, Musikerinnen oder Filmkritiker hervor – sondern natürlich auch Unternehmer, die mit ihren Produkten Quäntchen für Quäntchen Anthroposophie in den deutschen Alltag schleusen. Die Firma Weleda wurde noch unter der Ägide von Steiner persönlich gegründet, der Arbeitstag im Werk in Schwäbisch Gmünd beginnt noch heute jeden Tag mit einem Sinnspruch des Meisters. Auch die Grundsätze der biologisch-dynamischen Landwirtschaft gehen auf Steiner zurück, der Demeter-Bund wurde wenige Jahre nach seinem Tod gegründet; heute gehören ihm hierzulande über 1500 Erzeuger an. Die größte deutsche Biosupermarktkette denn's entstand aus dem Handel mit Demeter-Produkten, der Gründer der Drogeriemarktkette dm Götz Werner kam über die Gründung einer Waldorfschule zur Anthroposophie, das Konkurrenzunternehmen Alnatura wurde von einem ehemaligen Waldorfschüler ins Leben gerufen, die Lebensmittelkette Tegut ebenfalls, die Liste ließe sich lange fortsetzen: Bauck, dennree, Holle, Naturata, Speick, Spielberger, Voelkel, Wala – all diese Unternehmen stehen der Anthroposophie nahe, und ihre Produkte enthalten zumindest Spurenelemente des Steiner'schen Weltbilds.

Interessanterweise handelt es sich fast durchgängig um Produkte, die dem leiblichen Wohlbefinden dienen: Ganz gleich, ob sie zur inneren oder äußeren Anwendung gedacht sind, sie zielen allesamt auf den Körper – und zwar nicht auf den soldatisch verhärteten »Körperpanzer«, wie ihn der Kulturwissenschaftler Klaus Theweleit für den Mann des frühen zwanzigsten Jahrhunderts diagnostizierte und der mutmaßlich weniger mit Ringelblumensalbe eingecremt denn mit Motoröl geschmiert werden musste. Nein, sie zielen auf den weichen, flexiblen Leib, dessen Oberfläche alleine schon deswegen der besonderen Pflege bedarf, weil er über jede Pore mit seiner Umwelt verbunden ist. Mit einem Wort: Der Körper, der von Weleda, Dr. Hauschka und Co. hervorgebracht, gepflegt und am Laufen gehalten wird, ist der des postmodernen, achtsamen, linksliberalen *homo oecologicus*, wie er heute aus keinem großstädtischen Gründerzeitviertel mehr wegzudenken ist. Und ja, ich schaue immer noch in den Spiegel.

Bio avant la lettre

Ein wichtiger Bestandteil dieses zeitgenössischen Identitätsentwurfs ist natürlich eine ökologisch bewusste Ernährung – und auch in dieser Hinsicht wurden bedeutende konzeptuelle Samen von Rudolf Steiner und seinen landwirtschaftlichen Adepten ausgebracht. So gelten Demeter-Bauern als besonders konsequent, was die Einhaltung von Ökokriterien angeht: Das von dem Erzeugerverband verliehene Siegel genießt unter Verbrauchern höchstes Vertrauen, Umfragen zufolge gilt es als glaubwürdiger als alle anderen in Deutschland vergebenen Bio- und Soziallabel. Demeter-Bauern verwenden keinen Mineraldünger, sie verfüttern keine Antibiotika und achten auch sonst häufig auf eine artgerechte Haltung ihrer Tiere. Eine mir bekannte Demeter-Bäuerin aus dem Allgäu behandelt ihr Braunvieh selbst bei schweren Krankheiten mit Globuli: Als eine ihrer Mutterkühe vor ein paar Jahren an Euterfäule erkrankt war, gab sie ihr ein paar Zuckerkügelchen ins Gras; wenig später war die entzündete Hälfte des Euters abgefallen und die Wunde, wie ich mich mit eigenen Augen überzeugen konnte, verheilt.

Der Erfolg des Demeter-Labels mag natürlich auch damit zu tun haben, dass deutsche Verbraucher Tradition zu schätzen wissen und der Name in den mehr als neunzig Jahren seit Gründung des Anbauverbandes historischen Edelrost angesetzt hat. In gewisser Weise handelt es sich bei dem markanten Demeter-Schriftzug (weiße Roggenkamp-Schrift auf orangem Grund, grüner Unterstrich) um eine Art Biosiegel *avant la lettre* – oder besser: um ein Biodynamik-Siegel. Aber was es mit dem Wortbestandteil »dynamisch« auf sich hat, scheint den meisten Verbrauchern, ähnlich wie beim verwirbelten Wasser im WC-Reiniger, eher gleichgültig zu sein.

Auf jeden Fall war das Demeter-Konzept auch in marketingtechnischer Hinsicht seiner Zeit weit voraus – mittlerweile gibt es mit Biokreis, Bioland, Biopark, Gäa, Naturland sowie dem EU-Biosiegel wenigstens ein halbes Dutzend weiterer Kennzeichnungen, die für Umweltverträglichkeit und Qualität bürgen sollen. Und: Mittlerweile hat sich auch bei eher konservativen Beobachtern die Einsicht durchgesetzt, dass die konventionelle Landwirtschaft am Ende ihrer agrargeschichtlichen Ackerfurche angekommen sein könnte. »Der neue Landwirtschaftsminister«, schrieb etwa die linksgrünem Gedankengut sonst eher unverdächtige *Frankfurter Allgemeine Zeitung* im Frühjahr 2022 über Cem Özdemir, »muss so schnell wie möglich die Landwirtschaft auf ökologische Prinzipien umstellen. Nicht im bisherigen Tempo, denn dann wäre er erst Ende des Jahrhunderts am Ziel – und die Erde wäre schon längst verheert.«

Geburtshilfe …

In dieses Welt- und Selbstsorgeprogramm fügt sich nicht zuletzt die anthroposophische Medizin, deren Grundlagen ebenfalls von Steiner, zusammen mit der Ärztin Ita Wegman, gelegt wurden. Rein quantitativ betrachtet stellt sie, ähnlich wie die Waldorfpädagogik, eigentlich ein Nischenphänomen dar: Nur etwas mehr als ein Prozent aller in Deutschland approbierten Ärztinnen und Ärzte wenden regelmäßig anthroposophische Medikamente an, und nur dreizehn der knapp 2000 deutschen Krankenhäuser sind anthroposophischen Prinzipien verpflichtet. Aber: Von diesen dreizehn zählen immerhin drei – die Filderklinik bei Stuttgart, das Gemeinschaftskrankenhaus Witten-Herdecke sowie das GK Havelhöhe in Berlin – zu den beliebtesten Krankenhäusern in ganz Deutschland, und ihr Appeal ist beileibe nicht auf Anthroposophen beschränkt.

In meiner Berliner Sozialblase, die sich fast durchweg aus Absolventen staatlicher Bildungseinrichtungen zusammensetzt, erfreut sich beispielsweise »die Havelhöhe« nicht zuletzt unter werdenden Eltern enormer Beliebtheit (für Menschen im Westen Berlins fungiert die Klinik natürlich auch als ganz normales Akutkrankenhaus). Vor allem die Geburtsstation hat einen hervorragenden Ruf, und der entscheidende Grund, weshalb meine Frau und ich uns bei der Geburt unserer Kinder gegen diese Klinik entschieden haben, war schlicht und ergreifend, dass sie so weit von unserer Wohnung entfernt liegt – der Gedanke, auf dem Weg zur Entbindung unter Wehen im Stau auf der Stadtautobahn zu stehen, konnte dann doch die Verheißungen einer ganzheitlichen Geburtsbegleitung nicht ganz aufwiegen.

Es dürfte vor allem dieser Aspekt – die Ganzheitlichkeit – sein, der die Popularität der anthroposophischen Medizin selbst unter beinharten Steiner-Skeptikern erklärt. Die gegenwärtige »Gerätemedizin« mit ihrer breitgefächerten Palette an technischen und pharmakologischen Hilfsmitteln mag zwar verantwortlich dafür sein, dass unsere Lebenserwartung seit Beginn der Moderne um ein Vielfaches gestiegen ist – ihr haftet aber auch etwas Kaltes, Unpersönliches, eben im negativen Wortsinn Klinisches an. Der Anspruch der Havelhöhe, Patienten in ihrer »leiblichen«, »geistigen« und »seelischen« Dimension zu erfassen, wie es im Leitbild des Krankenhauses heißt, muss vor diesem Hintergrund wie Sphärenmusik klingen: Wer wünschte sich nicht, beim Arzt in seiner ganzen Individualität und Vielschichtigkeit wahrgenommen zu werden anstatt als mehr oder minder austauschbarer Träger körperlicher Beschwerden?

Die anthroposophische Medizin trägt diesem gerade in westlichen Industrienationen verbreiteten Bedürfnis, nicht bloß als gebrochene Rippe oder gerissene Milz, sondern als ganzer Mensch gesehen zu werden, mit ihrer Kombination schulmedizinischer und erweiterter Heilverfahren in besonderer Weise Rechnung.

Dass ihre Dienste gerade bei der Geburt eines Kindes – einem Vorgang, der ja mehr als ein physiologischer Akt ist, sondern ins Wunderbare ragt – besonders gern in Anspruch genommen werden, und zwar sogar von Menschen, die sich einer anthroposophischen Einrichtung sonst nicht auf Globuliwurfweite nähern würden, erscheint vor diesem Hintergrund vollkommen plausibel. Vor dem Tod, sagt man, werden auch Atheisten plötzlich zu guten Christen – vor der Geburt ihrer Kinder, könnte man entsprechend formulieren, werden sie zu Anthroposophen.

… und Wiedergeburtshilfe

In diesem Anspruch auf Ganzheitlichkeit steckt allerdings auch ein – zumindest potenzielles – Problem: dann nämlich, wenn der Geist und die Seele auf eine Stufe mit dem Leib gestellt oder diesem sogar übergeordnet werden, die Erkrankung allerdings so beschaffen ist, dass sie eine profane schulmedizinische Behandlung erfordert. Ich denke hier natürlich an die Covid-19-Pandemie, an die gegen ihre Verbreitung entwickelten Impfstoffe sowie an die bisweilen gegen diese Impfstoffe von anthroposophischer Seite vorgebrachten Argumente.

Man muss dazu wissen, dass sich das, was Rudolf Steiner als »Geist« beziehungsweise »Seele« bezeichnete, nur bedingt mit dem deckt, was in der Schulmedizin Psyche genannt wird – die ganzheitliche Herangehensweise, die der Begründer der Anthroposophie im Sinn hatte, hat daher nur wenig mit Psychosomatik im landläufigen Sinn zu tun, dahinter steckt ein esoterisches Weltbild. So stellte Steiner zwar die Existenz von Bakterien und anderen Krankheitserregern nicht grundsätzlich in Frage, und er war auch kein so radikaler Impfgegner, wie man vielleicht vermuten könnte: Im Kriegswinter 1916/17 ließ er sich beispielsweise gegen die Pocken impfen. Andererseits relativierte er aber auch die Wirkung solcher Maßnahmen: So verneinte er etwa immer wieder die pathogene Rolle von Mikroorganismen im Krankheitsgeschehen, sie waren für ihn nicht die Ursache einer Ansteckung, sondern allenfalls deren »Erkennungszeichen«, das äußerliche Indiz einer geistigen oder seelischen Störung. »Darauf beruhen ja die sogenannten Infektionskrankheiten«, erklärte er beispielsweise 1922 bei einem Vortrag in Dornach. »Nicht dass etwa diese kleinsten Lebewesen die Krankheit bewirken; sondern wenn irgendetwas in uns krank ist, dann fühlen sich diese kleinen Lebewesen wohl.«

Wenn man den physischen Leib eines Menschen heilt, stellte das für Steiner mithin bloße Symptombekämpfung dar, bestenfalls die halbe therapeutische Miete: Jedes »äußere Heilverfahren« müsse durch eine »entsprechende spirituelle Erziehung« ergänzt werden, durch etwas, »was die Seele auf innerem Wege vorwärtsbringt« – ansonsten müsse der betreffende Patient eventuell »in einer späteren Inkarnation« für dieses Versäumnis büßen. Diese weltanschauliche Grundlage beeinflusste auch Rudolf Steiners Haltung zum Impfen: »Sehen Sie, wenn man jemand impft und man hat den Betreffenden als Anthroposophen und erzieht ihn anthroposophisch, so schadet es nichts«, verkündete er 1924 bei einem Vortrag über die Pockenimpfung – es schade nur denjenigen Patienten, »die mit vorzugsweise materialistischen Gedanken heranwachsen«, sich also auf die leibliche Seite der Infektionskrankheit konzentrieren: »Da wird das Impfen zu einer Art ahrimanischer Kraft; der Mensch (…) wird konstitutionell materialistisch, er kann sich nicht mehr erheben zum Geistigen. Das ist das Bedenkliche bei der Impfung.«

Zu bedenken ist allerdings auch: Diese Äußerungen sind mittlerweile ein Jahrhundert alt und vor dem Hintergrund ihrer Zeit zu betrachten. Die medizinische und mikrobiologische Forschung hat seitdem diverse Quantensprünge gemacht, die selbstverständlich auch an der anthroposophischen Medizin nicht vorübergegangen sind. Was die Frage aufwirft: Wie präsent sind Rudolf Steiners Gedanken zu Infektion und Impfen heute noch im waldorfnahen Milieu? Und wie stark haben sie, wenn überhaupt, die Kritik sowie die Anti-Corona-Maßnahmen-Proteste der jüngsten Vergangenheit geprägt?

Anthroposophische Querdenker?

Wohl wenige Erklärungsversuche zu den ideologischen und soziokulturellen Hintergründen der »Querdenken«-Bewegung haben in letzter Zeit so viel Staub und Druckerschwärze aufgewirbelt wie die These, dass in irgendeiner Form die Anthroposophie dahinterstecke. Die Kombination ist ja auch zu kontrastreich, um nicht verführerisch zu sein: Hier die schwäbischen Alternativos mit selbst gestrickten Norwegerpullis, die das Wort Hygienerahmenkonzept tanzen können, dort eine populistische Bewegung, die das Parlament stürmen möchte: Haben wir nicht schon immer geahnt, dass die unter einer Decke stecken? Was, wenn sich hinter der naturkosmetikgeschminkten Gutmenschen-Fassade eine totalitäre Fratze verbirgt?

Stellvertretend für die zahlreichen Einlassungen zum Thema sei hier der Journalist Dietrich Krauß zitiert, der im November 2021 befand, dass das harmlose Image der Waldis »den Blick auf die dunkle Seite des schwäbischen Steiner-Universums« verstelle: »Von den Pastellfarben der Waldorfschule führt der Weg direkt zur finsteren Impfparanoia der Querdenken-Bewegung in Stuttgart.« Das ist erkennbar polemisch formuliert und trägt in seiner Chiaroscuro-Logik (außen ein trügerisch sanfter Schein, innen ein Abgrund der Finsternis) seinerseits verschwörungstheoretische Züge. Die Sache ist: Die Aussage entbehrt nicht ganz der empirischen Grundlage.

Als Beleg könnte man beispielsweise Publikationen anthroposophienaher Zeitschriften und Verlage heranziehen. Die in Dornach herausgegebene Zeitschrift *Kernpunkte* veröffentlichte kurz nach Beginn der Proteste im August 2020 eine der »Querdenken«-Bewegung gewidmete Sonderausgabe, in welcher der Bundesrepublik attestiert wird, dass sie sich auf dem Weg zum »totalitäre(n) Einheitsstaat« befinde – der »Querdenken«-Guru Michael Ballweg hingegen wird als quasimessianische Lichtgestalt gefeiert. »Aber mit einem hatte er nicht gerechnet: wo die Schatten am dunkelsten sind, ist auch das Licht am hellsten. Und das ist der Grund, warum die von Michael Ballweg gegründete *Querdenken-Bewegung* mir Hoffnung für die Zukunft macht.« Am Thema »Corona-Diktatur« scheint die Redaktion sich festgebissen zu haben, fast jede Ausgabe seit Beginn der Pandemie widmete sich ihm im verschwörerisch-esoterischen Gestus der *conspirituality* – sowie immer wieder mit explizitem Rückgriff auf Rudolf Steiner, der ja schon vor hundert Jahren gewusst habe, dass die »Geister der Finsternis« sich zusammengetan hätten, um der Menschheit durch Impfungen »die Hinneigung zur Spiritualität auszutreiben«. Die Impfspritze wird in solchen Passagen zur perfiden Waffe in einem endzeitlichen Kampf, den die Vertreter der ahrimanisch-materialistischen Weltanschauung angeblich gegen die Anhänger der Anthroposophie führen.

Die fragliche Passage findet sich auch in dem Buch *Infektion und Impfung*, das der Rudolf Steiner Verlag im Frühjahr 2022, also auf dem Höhepunkt der Debatte über die Impfpflicht sowie dem Kamm der vierten Corona-Welle, veröffentlicht hat und in dem Äußerungen Steiners zu den genannten Themen versammelt sind. Die Zitate aus drei Jahrzehnten stehen weitgehend unkommentiert nebeneinander, ein Vorwort des Herausgebers deutet aber die Richtung an, in der sie zu verstehen sind: Im Lauf des vergangenen Jahrhunderts, heißt es dort so vage wie suggestiv, seien »unzählige Verbrechen im Namen der Medizin« begangen worden – nicht zuletzt unter Einsatz von Spritzen, mit denen Menschen getötet oder ihrer seelisch-geistigen Fähigkeiten beraubt wurden. Auch heute heiße es daher »wachsam sein, wo immer Medizin und Gesundheit in den Fokus von Macht- und Profitinteressen geraten«: ein Schelm, wer da einen unterschwelligen Vergleich zwischen den mörderischen Menschenversuchen der Nationalsozialisten und den gegen Corona zugelassenen mRNA-Impfstoffen sieht.

Jenseits solch inhaltlicher Wahlverwandtschaften gibt es auch personelle Überschneidungen zwischen querdenkerischen und anthroposophischen Milieus. Einer der bekanntesten deutschen Verschwörungstheoretiker, der Moderator Ken »FM« Jebsen, ist ehemaliger Waldorfschüler und prominenter Kunde der anthroposophienahen GLS Bank (Gemeinschaftsbank für Leihen und Schenken). Weniger bekannt, aber womöglich einflussreicher dürfte der baden-württembergische Anthroposoph Christoph Hueck sein: Er leitet nicht nur eine Akademie im Stuttgarter Rudolf-Steiner-Haus und arbeitet als Ausbilder für Waldorfpädagogik, sondern ist auch Mitgründer der Partei dieBasis, die als politischer Arm der »Querdenken«-Bewegung gilt: Auf deren Demos wettert Hueck schon einmal ganz unverblümt gegen »Gehirnwäsche« und »diktatorische(s) Regierungshandeln«. Auch an der Waldorfschule Uhlandshöhe ist er, zumindest in gedruckter Form, präsent: Als ich im Sommer 2021 der Schule einen Besuch abstatte, werden im Schaukasten vor dem Sekretariat groß und in Farbe gleich drei Publikationen aus der von Hueck geführten Akademie beworben. »Das Corona-Syndrom – warum die Angst gefährlicher ist als das Virus«, heißt einer der darin enthaltenen Beiträge. Dass man auch angstfrei an Covid-19 erkranken oder gar sterben kann, scheint den Verfasser nicht anzufechten.

Angesichts solcher Verquickungen und öffentlichen Positionierungen erscheint es zumindest befremdlich, wenn sich der Bund der Freien Waldorfschulen zunehmend aggressiv dagegen wehrt, in die Ecke von Coronaverharmlosern gestellt zu werden. In einem Interview im Dezember 2021 gab beispielsweise die Sprecherin des BdFWS zu Protokoll, sämtliche Berichte, welche Rudolf Steiner und die Anthroposophie in die Nähe der Impfgegnerschaft rücken wollten, seien »(a)benteuerlich und an den Haaren herbeigezogen«; die vielzitierte Studie von Nadine Frei und Oliver Nachtwey zu den Quellen des »Querdenkertums« in Baden-Württemberg sei nicht nur unwissenschaftlich, sondern »unheilvoll«; die Art und Weise, wie deren Ergebnisse in den Medien wiedergegeben wurden, »journalistisch unredlich«; und überhaupt sei das Ganze eine gegen die Waldorfschulen gerichtete Schmutzkampagne und, Zitat, »Fake News«. Das erinnert ein bisschen an das böse Sprichwort von den Hunden, die nur bellen, wenn sie getroffen worden sind.

Allerdings muss man zugestehen: Die Pauschalität, mit der bisweilen über *die* Waldorfschulen, *die* Anthroposophie oder auch *den* Rudolf Steiner gesprochen wird, ist tatsächlich hochproblematisch – schlicht weil es sich um ein so weites und heterogenes Feld handelt. So gibt es Waldorfschulen wie jene in Freiburg im Breisgau, wo, wie im Herbst 2021 bekannt wurde, massenhaft ungültige Maskenatteste unter Schülern und Lehrern im Umlauf waren – es gibt andererseits aber auch solche wie die Waldorfschule in Bremen, wo eigenen Angaben zufolge über neunzig Prozent des Lehrkörpers gegen Covid-19 geimpft sind. Eine befreundete Waldorfmutter berichtet vom Abiturjahrgang ihres Sohnes, in dem Corona kein Streitpunkt ist, weil schlicht und ergreifend alle Schüler vollständigen Impfschutz genießen. Und in anthroposophischen Krankenhäusern gestaltet sich die Lage ohnehin noch einmal ganz anders. Hier prägte die Gefährlichkeit des Virus – wie unter anderem die als unwissenschaftlich und tendenziös gescholtene Studie von Frei und Nachtwey darlegt – von Anfang an den Klinikalltag, sodass die Durchimpfungsquote teilweise sogar über dem bundesdeutschen Durchschnitt liegt. Das Klinikum Havelhöhe eröffnete schon früh in der Pandemie ein eigenes Impfzentrum, wo zeitweise offenbar mehr Impfungen durchgeführt wurden als in den großen Impfzentren der Stadt; als dort im

Herbst 2021 die Booster-Termine knapp wurden, fuhren daher viele Berliner in die anthroposophische Institution. Und natürlich gibt es unzählige anthroposophisch ausgerichtete Ärztinnen und Ärzte, die täglich in ihren Praxen Impfungen gegen Covid-19, PCR-Tests und Beratungsgespräche durchführen.

Was den weltanschaulichen Überbau angeht: Die Rudolf-Steiner-Gesamtausgabe umfasst, wie erwähnt, um die 400 Bände – wer Belege für Steiners esoterisch-apokalyptische Impfskepsis sucht, wird darin ebenso fündig wie jemand, der beweisen will, dass der Begründer der Anthroposophie zugleich ein Vordenker der Diphtherieimpfung war. Letztlich zeigt sich an der Auswahl der Textstellen vor allem das Erkenntnisinteresse des Herausgebers oder Lesers. Interessanter als die vermutlich ohnehin nicht letztgültig zu klärende Frage, inwieweit anthroposophische Institutionen und Akteure Verharmloser oder gar Treiber der Pandemie waren, ist daher, welche gesamtgesellschaftlichen Konfliktlinien sich an diesem Streit zeigen.

Die vierte Kränkung

Die erste Problemzone betrifft das Verhältnis zwischen Individuum und Gesellschaft. Das große Versprechen, ja die Verheißung der anthroposophischen Pädagogik und Medizin besteht, wie gesagt, darin, dass hier der

Mensch in seiner Gesamtheit, in seiner persönlichen Geschichte, seinen Bedürfnissen, Eigen- und Verschrobenheiten gesehen wird. Diese Betonung der Individualität ist freilich nur Ausdruck und Kulminationspunkt einer gesamtgesellschaftlichen Tendenz – weg vom Allgemeinen, hin zum Besonderen —, wie sie für unsere Spätmoderne typisch ist.

Noch bis in die 1970er Jahre, schreibt der Soziologe Andreas Reckwitz in seinem Buch *Die Gesellschaft der Singularitäten*, habe in den westlichen Gesellschaften ein Subjekttypus dominiert, der gemeinhin als »sozial angepasste Persönlichkeit« bezeichnet wird: der mittlere Angestellte mit mittlerem Einkommen, grauem Anzug, unspektakulären Bedürfnissen, zwei Kindern, einem Hund und einem Reihenhaus in der Vorstadt. In den Jahrzehnten danach sei diese Durchschnittsfigur aber allmählich zu einer »konformistisch erscheinenden Negativfolie« verkommen – das zeitgenössische Subjekt orientiert sich stattdessen an der »Logik des Besonderen«, es legt Wert auf Einzigartigkeit, Differenz, Selbstverantwortung. »Wir sind alle Individuen!«, wie es in der Komödie *Das Leben des Brian* aus dem Jahr 1979 heißt. Es dürfte mehr als eine historische Koinzidenz sein, dass die Entstehung der von Reckwitz beschriebenen Gesellschaft mit dem Boom der anthroposophischen Medizin und Pädagogik seit den Siebzigerjahren zusammenfällt: Einrichtungen wie die Waldorfschule oder Krankenhäuser wie die Havelhöhe stehen gewissermaßen, so paradox das klingen mag, für institutionalisierte Singularität.

Der Haken an dieser gesellschaftlichen Tendenz ist, dass sie, gerade im Fall eines seinem Wesen nach überindividuellen Phänomens wie einer Viruspandemie, an ihre Grenzen stößt. Natürlich wäre es wünschenswert, bei gesundheitspolitischen Entscheidungen wie den staatlichen Verordnungen zum Infektionsschutz – Maßnahmen, die tief in Alltag, Beruf, Freizeit und Freiheitsrechte der Bürgerinnen und Bürger eingreifen – jeden Einzelfall genau zu betrachten und erst dann anhand von Alter, persönlicher Situation und Lebenswandel, Risiken und Vorerkrankungen, Ängsten und Hoffnungen sowie der karmischen Vorgeschichte über die Anwendbarkeit gesetzlicher Vorgaben zu entscheiden. Allein: Bei einer Bevölkerung von über achtzig Millionen Singularitäten dürfte dies, zumindest in einer pandemischen Akutsituation, kein praktikables Verfahren sein. Gesellschaften funktionieren zwangsläufig über Pauschalisierungen, über allgemeingültige Gesetze und Regeln. Wenn jeder Fahrgast im öffentlichen Nahverkehr mit dem Kontrolleur das Für und Wider der Maskenpflicht und deren Anwendbarkeit in seinem konkreten Fall erörtern würde, käme die Straßenbahn nie ans Ziel.

Die Heftig- und Häufigkeit, mit der gegen die Verordnungen zur Eindämmung der Corona-Pandemie protestiert wurde, ließe sich entsprechend als Indiz dafür lesen, welch enorme Kränkung das pandemische Geschehen für das nach Singularität strebende Subjekt darstellt: Wir wollen einzigartig sein, in unserer Individualität gesehen werden – aber der Gesetzgeber sagt uns:

Heute leider nicht; vor dem Virus seid ihr alle gleich. Sigmund Freud sprach im Hinblick auf die drei großen konzeptuellen Kipppunkte der Neuzeit – die kopernikanische Wende, die Darwin'sche Evolutionstheorie sowie seine eigene Theorie des Unbewussten – von den drei »Kränkungen der Menschheit«. Die Corona-Pandemie, könnte man ergänzen, stellt eine weitere Beleidigung des modernen westlichen Subjekts dar: Sie macht ihm nicht nur deutlich, dass er ein vom Affen abstammendes Tier ist, das triebgesteuert am Rande des Universums herumturnt. Sie zeigt ihm auch, dass er beileibe nicht so singulär und selbstbestimmt ist, wie er glauben möchte. Covid-19 ist nicht nur eine potenziell tödliche Krankheit – es stellt auch eine tiefgreifende psychische Kränkung dar.

Komplexitätskompensationskompetenz

Die zweite Problemzone, die sich am Beispiel der Anthroposophie zeigt, ist die eingangs beschriebene Kluft zwischen Theorie und Praxis: Einerseits sind anthroposophisch inspirierte Produkte, Dienstleistungen und Institutionen in unserem Leben allgegenwärtig – andererseits wissen wir so gut wie nichts über ihre intellektuellen Grundlagen. Abstrakter gesagt: Einer ausgesprochenen Exoterik der Praxis steht eine extreme

Esoterik der Theorie gegenüber. Das gilt übrigens auch für Menschen, die der Anthroposophie lebensweltlich denkbar nahe stehen: Ich kenne mehrere Waldorfschulabsolventen, die glaubhaft versichern, noch nie in ihrem Leben auch nur eine Zeile von Rudolf Steiner gelesen zu haben.

Eine solche pragmatisch-postideologische Herangehensweise ist keineswegs auf die Anthroposophie und ihre Anwendungsbereiche beschränkt. Die Art und Weise, wie bei uns Yoga-Übungen praktiziert, ayurvedische Ernährungsregeln befolgt oder Figuren indischer Religionsstifter aufgestellt werden, dürfte ebenfalls mehr mit westlichen Wellness-Bedürfnissen als mit fernöstlichen Heilslehren zu tun haben. Man denke in diesem Zusammenhang an die Buddha-Statuen, die während des Trainer-Intermezzos von Jürgen Klinsmann beim FC Bayern auf dem Trainingsgelände in München-Harlaching aufgestellt wurden und aus deren Richtung Klinsmann einen »gewissen Energiefluss« zu verspüren meinte. Als die Bayern Anfang 2009 im eigenen Stadion gegen Schalke verloren, war es mit dem Energiefluss allerdings jäh vorbei: Klinsmann musste gehen, die lächelnden Buddhas auch.

Man könnte das genannte Prinzip auch ganz profan in Richtung der elektronischen Datenverarbeitung erweitern: In unserem durchdigitalisierten Alltag kommen bekanntlich milliardenmal am Tag Computer, Tablets, Smartphones, intelligente Kühlschränke und digitale Sprachassistenten zum Einsatz, obwohl allenfalls Eingeweihteste deren Funktionsweise nachvollziehen können; und nach welchen Kriterien der aktuelle Algorithmus von Google funktioniert, wissen vermutlich nicht einmal die Erfinder der Suchmaschine. Anders gesagt: Wir leben längst in einer Welt der Techno-Esoterik. Vermutlich ist dies in einer hyperkomplexen, funktional ausdifferenzierten Gesellschaft auch gar nicht anders möglich: Wir können schlicht nicht alles verstehen, womit wir als Bürgerinnen und Konsumenten in Berührung kommen. Man könnte diese Strategie, in Anlehnung an den Philosophen Odo Marquard, als Komplexitätskompensationskompetenz bezeichnen: als Fähigkeit, schwierige Sachverhalte so weit zu vereinfachen (oder in ihrer Komplexität einfach komplett zu ignorieren), dass sie überhaupt erst praktisch handhabbar werden.

Für viele Felder mag das die einzig vernünftige und zielführende Herangehensweise sein – in anderen Bereichen sollte man als mündiger, nach Singularität und Selbstbestimmung strebender Bürger aber vielleicht schon mal einen Blick in die allgemeinen Geschäftsbedingungen geworfen haben. Noch einmal anders und um auf die Überschrift dieses Kapitels zurückzukommen: Man kann seinen Hund schon *Waldi* nennen – man sollte sich aber darüber im Klaren sein, um was für ein Tier es sich eigentlich handelt. Ob es wirklich ein Jagddackel ist oder nicht doch eher ein Pudel. Und falls Letzteres: was eigentlich, wie es der von Rudolf Steiner so geschätzte Johann Wolfgang von Goethe formulierte, des Tierchens Kern ist.

Prinzip Schwabylon

Menschen verlassen den Kessel, aber ihre Prinzipien kommen mit

Hand aufs Herz: Ich bin ein lebendes Klischee. Ich bin in Stuttgart aufgewachsen, wohne aber seit über zwanzig Jahren in Berlin, ja schlimmer noch: in einer Altbauwohnung im, wie es in diesem Zusammenhang gern heißt, »Szenebezirk« Prenzlauer Berg. Wenn meine Kinder brav und durstig sind, bekommen sie eine Bionade, samstags gibt es vegetarische Maultaschen, und am Sonntagmorgen kaufe ich für die ganze Familie Laugenbrezeln, die auch für einen Exilschwaben genießbar sind, von denen ich aber jederzeit unter Eid bestätigen würde, dass sie halt einfach nicht so gut sind wie die in Stuttgart, gell? Der Kollwitzplatz ist von unserer Wohnung ungefähr zwei Minuten entfernt (drei, wenn man einen Latte macchiato in der Hand hat): Dort befindet sich erstens der berüchtigte Kollwitzmarkt, wo Prenzlschwäbinnen am Wochenende ihr Biogemüse kaufen, zweitens die berühmte Bronzestatue von Käthe Kollwitz, die vor ein paar Jahren von radikalen Schwaben mit Spätzle beworfen wurde, sowie drittens die Wohnung von Ex-Bundestagspräsident Wolfgang Thierse, der 2012 für einen kleinen Eklat sorgte, als er sich in einem Interview darüber beschwerte, dass die in Berlin lebenden Schwaben beim Bäcker Wecken statt Schrippen sagen.

Ich erwähne das alles nur, weil ich vermute, dass mein Lebenslauf mehr oder weniger exemplarisch ist für den von zigtausend anderen Zugezogenen. Um die 300 000 Schwaben leben ungedeckten Schätzungen zufolge in der Hauptstadt, und es hält sich hartnäckig das Gerücht, dass sie nach türkischen Zuwanderern »die zweitgrößte Minderheit« darstellten. Aber während türkischstämmige Berliner oft vorbildlich »alemanisiert« sind, tun sich die Schwaben mit der Integration immer noch schwer und werden von Bioberlinern daher als Fremdkörper angesehen: als komisch daherredende Besatzer, die es darauf abgesehen haben, die einheimische Kultur zu verdrängen. Anhänger der rastafarischen Religion bezeichnen die Hegemonialherrschaft des kolonial-kapitalistischen Systems bisweilen als Babylon – der Kiez um den Kollwitzplatz wurde analog dazu vor ein paar Jahren scherzhaft auf den Namen Schwabylon getauft. *Swabylon system is the vampire,* wie man in Anlehnung an Bob Marley sagen könnte.

Aber was hat es mit diesem populären Mythos tatsächlich auf sich? Wie verhält sich die Schwabenwanderung nach Berlin zu anderen Migrationsbewegungen? Und warum schlägt Stuttgartern in der Hauptstadt so unverhohlene Abneigung entgegen?

Autobahn nach München

Beginnen wir mit dem letzten Punkt. Die Verachtung vieler Berliner beschränkt sich interessanterweise nicht auf die Stuttgarter selbst, sondern erstreckt sich auch auf den Schoß, aus dem sie gekrochen sind. Wenn man in zwangloser Runde erzählt, dass man aus der baden-württembergischen Metropole stamme, zieht dies nicht selten eine geschockte, reservierte oder mitleidige Reaktion nach sich – bestenfalls ein peinlich berührtes Schweigen, als hätte man gesagt, dass man ein unehelicher Sohn von Benedikt XVI. ist oder in seiner Freizeit Katzenbabys häutet. Noch nie habe ich erlebt, dass jemand auf die Aussage »Ich komme aus Stuttgart« mit einem begeisterten »Cool!«, »Geile Stadt!« oder »Da wollt' ich schon immer mal hin!« reagiert hätte. Vermutlich fällt der Satz, wegen genau dieser antizipierten Reaktionen, auch vergleichsweise selten – ein stolzes, euphorisches oder auch nur zaghaft liebevolles Bekenntnis zur eigenen Herkunft, wie es Menschen aus München (»Mia san mir!«), Köln (»Isch bin ene kölsche Jeck!«), Leipzig (»Mir sin aus Laaaaibzsch!«) oder Zürich (»Ich bin en Züri Hegel!«) scheinbar leichtfällt, habe ich zumindest noch nie gehört. »I ben a Schduegrdr?« Von wegen.

Diese Abneigung ist beileibe nicht auf die Bundeshauptstadt beschränkt. »Stuttgart-Bashing«, schreibt die Autorin Anna Katharina Hahn, »scheint unzerstörbar in die DNA aller Nicht-Schwaben verhäkelt zu sein.« Vom Fußballer Thomas Strunz – viele Jahre beim FC Bayern, aber in den Neunzigerjahren auch drei Spielzeiten beim VfB – ist das Zitat überliefert, das Schönste an Stuttgart sei »die Autobahn nach München«. Der Schriftsteller Max Goldt befand einst, im Stuttgarter Talkessel zu wohnen müsse sich anfühlen, »wie in einem riesigen Kübel mit kochender Marmelade zu leben«. Und der Kabarettist Jan Böhmermann erklärte, die Stadt sei »so schön wie zwei ineinander verkeilte Porsche Cayenne« – wobei man darüber streiten könnte, ob es nicht tatsächlich ein erhebender Anblick ist, wenn zwei übermotorisierte Geländelimousinen sich wechselseitig unschädlich machen, anstatt weiter den Verkehr zu gefährden.

Stuttgart, darin sind sich offenbar weite Teile der Republik einig, ist hässlich, provinziell, langweilig, spießig, sauberkeitsversessen und auf verlogene, bionadebiedermeiermäßige Weise konservativ – und wenn es in der Stadt dann doch einmal zu metropolentypischen Ausschreitungen kommt wie während des Corona-Lockdowns im Sommer 2020, wird haarscharf gefolgert, dass dies eben daher komme, dass die Stadt so hässlich, provinziell, langweilig, spießig, sauberkeitsversessen und auf verlogene, bionadebiedermeiermßige Weise konservativ sei, da müsse man als junger Mensch ja irgendwann mal Dampf ablassen.

Um noch einen ehemaligen Fußballnationalspieler, diesmal Andi Brehme, zu zitieren: Haste Scheiße am Fuß, haste Scheiße am Fuß. Den Ruch des Rückständigen wird die Stadt einfach nicht los.

Antisuebianismus

Obwohl es landläufiger Meinung zufolge also hinreichende Gründe gibt, Stuttgart den Rücken zu kehren, sollen die Stuttgarter gefälligst bleiben, wo sie sind – zumindest nach Meinung mancher Berliner. 2008 wählte das ansonsten jeder diffamierenden Hetze unverdächtige Stadtmagazin *zitty* das Weichbild des »Porno-Hippie-Schwaben« zur Hassfigur Nummer 1 in der Hauptstadt. Ungefähr zur selben Zeit sprühten Unbekannte den nur bedingt ironisch zu verstehenden Aufruf *Tötet Schwaben* an Hauswände in Prenzlauer Berg; auch der Slogan *Kauft nicht bei Schwaben!* war zu lesen, außerdem Hohlformeln wie *Schwaben raus!* oder TSH – *Totaler Schwaben Hass.*

Ende 2012 legte dann der Bundestagsvizepräsident persönlich in dem erwähnten Interview in der Zeitung *Die Welt* nach: »In Berlin sagt man Schrippen, daran könnten sich selbst Schwaben gewöhnen«, so Thierse. »Ich wünsche mir, dass die Schwaben begreifen, dass sie jetzt in Berlin sind. Und nicht mehr in ihrer Kleinstadt mit Kehrwoche. Sie kommen hierher, weil alles so bunt und so abenteuerlich und so quirlig ist, aber wenn sie eine gewisse Zeit da waren, dann wollen sie es wieder so haben wie zu Hause.« Anders gesagt: Die Schwaben kommen als »Repressionsflüchtlinge« (Götz Aly) in die hippe Hauptstadt – importieren dabei aber zugleich ihre verhassten Repressionen und machen dadurch ebendas, was sie zu suchen meinen, zu Schanden. Du kannst den Schwaben aus Stuttgart rausholen, aber niemals Stuttgart aus dem Schwaben.

Um es gleich vorweg zu sagen: Die Ressentiments, die hier zu Tage treten, sind natürlich keinesfalls mit dem mörderischen Hass, wie er Menschen mit Migrationshintergrund oder Geflüchteten entgegenschlägt, zu vergleichen, und die Anspielung auf den nationalsozialistischen »Judenboykott« ist schlichtweg infam. Man muss als Stuttgarter in Berlin nicht um sein Leben fürchten, und schwäbische Geschäftsinhaber müssen keine Angst haben, dass ihnen aufgrund eines Boykottaufrufs die Existenzgrundlage wegbricht. Dass ein Berliner Zeitungszusteller vor zehn Jahren in mehreren Mietshäusern Brandanschläge auf Kinderwagen verübte und hinterher als Motiv angab, aus »Hass auf Schwaben in Prenzlauer Berg« gehandelt zu haben, muss man wohl als Ausnahme von der Regel verbuchen.

Dennoch bleibt festzuhalten, dass sich hier ausgeprägte Ressentiments zeigen – und dass diese alle gängigen Kriterien des Rassismus, wie ihn beispielsweise der Soziologe Albert Memmi definiert, erfüllen: Sie schaffen eine Differenz (Schwaben versus Nicht-Schwaben); sie verbinden diese mit einer Wertung (Schwaben sind doof, reich, spießig, nicht anpassungswillig); und sie bedienen sich zu diesem Zweck einer Verallgemeinerung, die aus einer heterogenen Menge von Menschen eine vermeintlich homogene Gruppe macht (*alle* Schwaben sind doof, reich, spießig und passen sich nicht an). Da es sich bei Schwaben nicht um eine eigenständige Rasse handelt – ja, da es Menschenrassen im biologischen Sinn, wie sich herumgesprochen haben dürfte, ohnehin gar nicht gibt –, könnte man diese Haltung in Anlehnung an den germanischen Stamm der Sueben, von dem die Schwaben ihren Namen herleiten, als *Antisuebianismus* bezeichnen. Und da das vom Antisuebianisten entworfene Feindbild realiter und in Reinform gar nicht existiert, liegt es nahe, es als Chiffre zu betrachten: als Figur, an der sich zeitgenössische Ängste, Ärgernisse und Hassphantasien kristallisieren.

Der Schwabe an sich

Drei Punkte sind hier relevant. Erstens: *Der Schwabe ist reich.* In diesem Sinn repräsentiert er einen entfesselten Wirtschaftsliberalismus, in dem die Kaufkraft einiger weniger Marktteilnehmer das Preisniveau für alle exorbitant in die Höhe treibt. Gerade auf dem Immobilienmarkt ist diese Entwicklung, wie jeder Wohnungssuchende in Berlin oder einer deutschen Großstadt bezeugen kann, zu einem existenziellen Problem geworden.

Zweitens: *Der Schwabe ist nicht von hier.* In dieser Hinsicht steht er für die Globalisierung von Menschen, Waren, Kulturen und Sprachen – ein Phänomen, zu dem auch die Flucht- und Migrationsbewegungen der jüngsten Vergangenheit gehören. Als Zugewanderter, der nicht einmal die korrekten Namen der örtlichen Backwaren kennt, stellt der Schwabe stabil geglaubte regionale und nationale Identitäten in Frage.

Sowie drittens und letztens: *Der Schwabe hält sich für was Besseres.* Hier zeigt sich exemplarisch ein Elitendünkel, wie er seit einigen Jahren zunehmend *en vogue* geworden ist, auch und gerade auf Seiten von Menschen, die eigentlich selbst zur Elite gehören – man denke an die ostentative Hemdsärmeligkeit eines Donald Trump oder einer Marine Le Pen. Wer über ökonomisches, kulturelles oder symbolisches Kapital verfügt, ist demnach per se verdächtig oder verachtenswert.

Interessanterweise sind diese Vorurteile im Fall des Antisuebianismus nicht nur auf der politischen Rechten beheimatet, sondern finden sich auch und gerade am entgegengesetzten Ende des politischen Spektrums. Es seien »gern urbane, emanzipatorische und antirassistische Linksliberale, die Menschenverachtung völlig zu Recht kritisieren, Schwabenverachtung aber für eine notwendige Tugend halten«, so der Autor Peter Unfried 2021 in der *taz*: »Und identitäre Ressentiments über Schwaben verbreiten, also dass diese kulturlose Materialisten seien, besessen davon, die Straße zu kehren, Maultaschen zu essen und viel Geld zu verdienen.« Zusammengefasst könnte man sagen: Der Schwabe stellt den kleinsten gemeinsamen Nenner für diverse Ressentimentbedürfnisse dar, sowohl von reaktionärer als auch vermeintlich progressiver Seite. Er bedient diese Bedürfnisse in überzeichneter Form, was Initiativen wie Totaler Schwaben Hass bei aller Martialität der Wortwahl eine spielerische Note verleiht. Zugleich zeigt er aber auch, dass in Deutschland offenbar nach wie vor eine verbreitete Sehnsucht danach herrscht, das Eigene gegen das Fremde, das Gleiche gegen das Andere abzugrenzen – und sei es in Form eines Rassismus *light*, wie ihn der Antisuebianismus darstellt. Man gönnt sich ja sonst nichts.

Seien wir ehrlich: Gut möglich, dass sich in Berlin ein paar reiche, geschmacklos bebrillte Kehrwochenfetischisten finden lassen, die massenhaft überteuerte Altbauwohnungen aufkaufen, sie mit Fototapeten von Stuttgart dekorieren und statt Schrippen Weckle sagen. Aber angesichts der dramatischen geopolitischen, klimatischen, ökologischen und gesundheitlichen Situation der Gegenwart darf man sich doch erstaunt – ja vielleicht sogar ein bisschen gerührt – die Pornosonnenbrillengläser reiben, dass »der Schwabe« noch vor wenigen Jahren als Vorzeigefeindbild und größte Bedrohung der hauptstädtischen Identität galt.

Palast der Republik

Reality check: Tatsächlich zieht der weitaus größte Teil der Stuttgarter, die ihre Stadt verlassen, nicht nach Berlin, sondern ins Stuttgarter Umland; und die meisten Zugezogenen in der Hauptstadt stammen nicht aus Schwaben, sondern aus Brandenburg. Hinzu kommt: Die Migration von Schwaben nach Berlin ist allenfalls die Hälfte der Geschichte – die andere, womöglich interessantere handelt von jenen Menschen, die ganz bewusst und aus freien Stücken nach Stuttgart ziehen: Um die 20 000 ausländische Arbeitskräfte, Angehörige, Studierende und Geflüchtete kommen Jahr für Jahr in die baden-württembergische Hauptstadt und machen den Bevölkerungsschwund durch nach Berlin verzogene Bioschwaben mehr als wett.

An einem Nachmittag im Spätsommer 2021, mein Aufenthalt in der alten Heimat geht allmählich zu Ende, sitze ich mit einem Kaffee vor dem »Palast der Republik« – nicht vor dem DDR-Volkskammergebäude in Berlin, das wurde bekanntlich vor ein paar Jahren zugunsten einer Stadtschlossreplik abgerissen, sondern vor der Institution gleichen Namens in der Stuttgarter Innenstadt. Ein achteckiges Gebäude von vielleicht dreißig Quadratmetern Grundfläche, unmittelbar am Rand einer Bundesstraße gelegen, früher beherbergte es ein öffentliches Pissoir, seit 1989 befindet sich hier eine der beliebtesten Kneipen der Stadt. Ich will gerade gehen, als jemand eine Ledertasche, einen prallvollen Aktenordner sowie ein halbgeleertes Bierglas neben mir auf den Tisch knallt.

»Passt du da drauf auf? Ich muss mal für kleine Mädchen.« Keine Frage, eine Anordnung.

Ich blicke verdattert auf, habe kaum Zeit zu nicken, geschweige denn zu widersprechen, die Figur, die mich angesprochen hat, verschwindet schon im Inneren des Palasts. Als sie nach wenigen Minuten zurückkommt, stellt sie sich vor, jetzt freundlicher, selbstbewusst: Hatice, Referendarin für Deutsch und Französisch, in dem Ordner sind Klassenarbeiten, die sie noch korrigieren muss, in dem Glas Bier, das sie noch trinken muss, bevor sie die Klassenarbeiten korrigiert, Prost! Hatice, muss man dazusagen, trägt nicht nur einen klassischen osmanischen Prinzessinnennamen, sondern ist auch sonst der Inbegriff morgenländischer Sprezzatura: mächtige schwarze Haare, luftiges nachtschwarzes Outfit, ein oval gewundenes Tattoo auf dem Unterarm, das habe ihr eine ehemalige Mitbewohnerin gestochen, erklärt sie. Hatice spricht fließend Deutsch, aber nicht ganz akzentfrei: Sie hat eine deutliche schwäbische Färbung.

In den Siebzigerjahren, erzählt sie, kamen ihre Eltern aus Anatolien hierher, zwei von vielen: 1961 hatten Bonn und Ankara ein Anwerbeabkommen geschlossen, um den Mangel an Arbeitskräften im Wirtschaftswunderdeutschland auszugleichen, knapp 870 000 Türkinnen und Türken folgten dem Ruf, viele von ihnen in die Industriemetropole am Neckar. Nach dem Willen der

Bundesregierung hätten die Gastarbeiter, wie man damals sagte, nach zwei Jahren in die Türkei zurückgehen und durch andere Arbeiter ersetzt werden sollen – aber etliche blieben hier, holten ihre Verwandten nach oder gründeten eigene Familien. Heute leben fast eineinhalb Millionen türkische Staatsbürger in Deutschland, außerdem 2,7 Millionen sogenannte Türkeistämmige: Menschen wie Hatice, die zwar Eltern mit Migrationserfahrung haben, aber hier geboren und in jeder Hinsicht zu Hause sind.

»Wenn mir jemand sagt: Geh doch zurück, wo du herkommst!«, sie blickt mich herausfordernd an, »was soll ich da machen: zurück nach Stuttgart-West?!« Hatice schüttelt den Kopf – mittlerweile lebt sie in Weilimdorf.

Ihre Haltung dürfte typisch für viele Deutsche ihrer Generation sein, deren unterschiedliche Biographien unter dem Begriff Migrationshintergrund zusammengefasst werden. Auch der Soziologe Aladin El-Mafaalani, Autor von Büchern wie *Das Integrationsparadox* und *Wozu Rassismus?*, der als Kind syrischer Eltern in Deutschland geboren wurde, kennt solche diskriminatorischen Äußerungen – und die unterschiedlichen Reaktionen darauf. »Wenn Sie meine Mutter fragen: ›Wo kommen Sie her?‹, dann freut sie sich richtig und wird Ihnen drei Stunden erzählen, wie toll Syrien ist beziehungsweise war«, so El-Mafaalani. »Aber wenn Sie jetzt meine Tochter oder meine Nichten fragen, und die merken, dass Sie einfach nur aufgrund äußerer Merkmale wissen wollen, woher sie kommen, (…) dann könnte das Gespräch ungemütlich werden.« Das Problem sei nicht, dass die Frage nach der Herkunft per se rassistisch sei – problematisch sei, dass sie in einem Land gestellt werde, das eine rassistische Tradition hat, und dass mit dieser Tradition bestimmte Machtgefüge und Ausgrenzungsmechanismen einhergehen: Wer gehört dazu? Welche Rechte darf er oder sie in Anspruch nehmen?

Erfahrungen mit solch strukturellem, also in Geschichte, Gesellschaft und Sprache verankertem Rassismus hat auch Hatice gemacht: Einmal sollte ihr ein studentischer Kredit nicht gewährt werden, weil sie aufgrund ihres Namens als »Bildungsinländerin« geführt wurde, also als jemand, der zwar das deutsche Abitur, aber nicht die deutsche Staatsbürgerschaft hat. Und einmal habe ihr ein Mentor erklärt, sie solle doch froh sein, dass er sie genau so respektvoll behandele wie eine Biodeutsche ... Aber von alten weißen Männern lasse sie sich sowieso nichts sagen!, blitzt Hatice mich an. »Nicht persönlich gemeint«, schiebt sie tröstend hinterher, und ich bin gottfroh, dass ich nur ein alter weißer Mann und nicht ihr Sachbearbeiter im Studentensekretariat oder ihr Mentor im Referendariat bin.

Aber von solchen Vorfällen einmal abgesehen, fährt Hatice fort, habe sie in Stuttgart nie expliziten Rassismus erlebt, Ausländerhass gar – was auch absurd wäre, schließlich ist sie Inländerin, Deutsche, fremdelt halt nur mit dem deutschen Beamtentum. Aber wer tut das nicht?

Integrier mich, Baby

Tatsächlich gilt Stuttgart – das geht im großen lustvollen Schwabylon-Bashing bisweilen unter – geradezu als Musterbeispiel für gelungene Integration. Hier leben Menschen aus sage und schreibe 185 verschiedenen Herkunftsnationen, rund vierundvierzig Prozent der Einwohner haben einen Migrationshintergrund, bei den Jugendlichen sind es sogar fünfzig Prozent: Der Anteil an Menschen mit ausländischen Wurzeln ist damit etwa doppelt so hoch wie im Bundesdurchschnitt. Dennoch kommt die Stadt vergleichsweise selten wegen integrationsbedingter Probleme in die Schlagzeilen – im Gegenteil: Im sogenannten Flüchtlingsherbst 2015 galt Stuttgart der *New York Times* sogar als Vorbild und Vorbote einer »rosigeren Zukunft« in der deutschen Integrationspolitik.

Verantwortlich für diese *rosy* Entwicklung dürfte nicht zuletzt sein, dass Zuwanderer in der prosperierenden Industriemetropole spätestens seit Mitte der Fünfzigerjahre ein wichtiger Wachstumsmotor waren. »Boomstädte sind Integrationsstädte«, wie Gari Pavkovic, Leiter der Abteilung Integrationspolitik in der Landeshauptstadt, es ausdrückt. Ohne die »Gastarbeiter« aus Italien, Spanien, Griechenland, dem damaligen Jugoslawien oder der Türkei hätte die Industrie im mittleren Neckarraum wohl kaum in der vorliegenden Form florieren können, was zur Akzeptanz der Neu-Stuttgarter von Seiten der Alteingesessenen beigetragen haben dürfte. Umgekehrt fördert eine erfolgreiche Teilhabe am Arbeitsmarkt, wie die Soziologen Claudia Diehl und Bentley Schieckoff argumentieren, auch die sprachliche, soziale und identifikative Eingliederung in das Ankunftsland: »Integration durch Erwerbsarbeit« nennen sie dieses Prinzip.

Sogar die Topographie von Stuttgart dürfte ihr Scherflein beigetragen haben: Die Kessellage zwingt zur Nähe, zum Kennenlernen, zur Durchmischung. In Stuttgart haben sich daher kaum ethnokulturell geprägte Kieze, Ghettos oder *banlieues* herausgebildet, wie man sie aus anderen Städten, aus amerikanischen Metropolen oder Paris kennt. »Eine Unterteilung nach Wohngebieten – hier das ›Araberviertel‹, dort das ›Türkenviertel‹ –, so etwas gibt es in Stuttgart nicht wirklich«, schreibt Kodimey Awokou, Geschäftsführer des Stuttgarter Hip-Hop-Labels Chimperator Productions. »Klar, die Reichen wohnen eher auf dem Hügel, die mit weniger Einkommen im Kessel, aber man begegnet sich in dieser Stadt früher oder später immer.« Mit der sprichwörtlichen Prise Salz, die bei solch vollmundigen Aussagen dazugehört, könnte man sagen: Der Stuttgarter Talkessel ist nicht nur, wie im ersten Kapitel dieses Buches beschrieben, ein Abbild sozialer Höhenunterschiede – er ist auch ein Schmelztiegel.

Oder, um eine besonders süffige Metapher für gelungene Integration einzuführen: ein Weizenbierglas.

Synthese im Bananenweizen

Wie selbstverständlich das Thema Zuwanderung in Stuttgart schon seit Jahrzehnten verhandelt wird, zeigt sich bei einem Blick ins öffentlich-rechtliche Fernsehen. Im Januar 1960 trat im Süddeutschen Rundfunk, wie er damals noch hieß, erstmals eine animierte Pferdefigur auf, die in kurzen Trickfilmsequenzen den Werbeblock des Vorabendprogramms auflockerte, analog zu den Mainzelmännchen im ZDF. Der Regionalbezug ist klar, das Pferd war ein persiflierter Wiedergänger des Stuttgarter Wappentiers, es sprach, wenn es das Maul aufmachte, mit behäbigem Dialekt, und weil der Schwabe gern Dinge und Wesen verniedlicht, heißt es bis heute Pferdle.

Aber es blieb nicht lange allein: Nur zwei Jahre später kam ein kleiner Primat dazu, der folgerichtig Äffle genannt wurde und den anarchischen Kontrapunkt zum stoischen Pferdle übernahm. Während Letzteres den bräsigen Stuttgarter Bürger verkörpert, ist das Äffle ein Trickster: ein kindlicher Chaot, der seinem Kompagnon den Schaum vom Bier pustet, schamlos in die Landschaft pullert, Autos zielsicher aus der Kurve steuert und ansonsten vor allem dumme Fragen stellt, die das Pferdle dann geduldig beantwortet. In der Logik des klassischen Komikerduos entspricht das Pferdle dem *straight man*, der stets stoisch die Fassung bewahrt, und das Äffle dem *banana man*, der seine Scherze auf Kosten des anderen macht oder eben auf Bananenschalen ausrutscht.

Vor dem Hintergrund der Zuwanderungsgeschichte lassen sich die Figuren allerdings auch anders deuten. Es ist ja bezeichnend, dass das Äffle 1962, also unmittelbar nach Inkrafttreten der Anwerbeabkommen, auf den Plan trat: Innerhalb dieser neuen gesellschaftlichen Konstellation verkörpert das Pferdle den alteingesessenen Stutengartenbewohner, der schon seit dem Mittelalter im Kessel zu Hause ist – das Äffle hingegen steht für den Fremden, Exotischen, den, um es auf gut Schwäbisch auszudrücken, Naigschmeggdn, der mit großen Augen auf die ihm unvertraute Umgebung schaut, dem die lokalen Sitten und Gebräuche noch fremd sind und dem man daher alles erst einmal erklären muss.

Die Gleichsetzung von Menschen mit Affen hat eine, gelinde gesagt, hochproblematische rassistische Tradition und würde heutzutage bei den Programmverantwortlichen im Öffentlich-Rechtlichen wohl kaum mehr so geschmeidig durchgehen; dass das Äffle sich überhaupt als Bananenrock tragende Kunstfigur etablieren konnte, dürfte dem in dieser Hinsicht eher unsensiblen Zeitgeist der Sechziger geschuldet sein. Bemerkenswert ist allerdings, dass das Äffle eine der größten Hürden für die Ankunft in der Zielkultur bereits genommen hat: Es spricht nämlich fließend Schwäbisch. Der wohl schlagendste Beleg für das friedliche Miteinander von Pferd und Affe, von Autochthonem und Neuzugang ist aber ein Song, den die beiden Figuren in den Achtzigerjahren als animiertes Gesangsduo veröffentlicht haben und der es bis heute immer wieder in die »SWR1-Hitparade« schafft. In der ersten Strophe singt das Äffle zu voller Bigband-Begleitung ein Loblied auf die Leibspeise des Affen:

Das ischt der Bananenblues,
Der Himmel-hängt-voller-Bananen-Blues,
Bananen, das ischt, was man haben muss,
Denn ohne ist man ganz und gar
Aufgeschmissen, das ist affenklar!
Das ist der Bananenblues ...

Diese Behauptung kann das Pferdle so nicht stehenlassen. In der zweiten Strophe setzt es daher einen kulinarischen Kontrapunkt und huldigt *seiner* bevorzugten Mahlzeit:

Ja, das isch der Haferblues,
Der Super-Doppelzentner-Haferblues,
Hafer, das isch, was man haben muss,
Er macht das Traben trabenswert,
Ohne ischt man nur ein halbes Pferd,
Das ischt der Haferblues ...

In der Terminologie des Stuttgarter Philosophen Georg Wilhelm Friedrich Hegel könnte man sagen: Die Aussage des Affen, es handele sich bei dem vorliegenden Song um einen Bananenblues, ist die These – die Aussage des Pferds hingegen, der Song sei in Wahrheit ein Haferblues, ist die Antithese. Zwei scheinbar unvereinbare, einander ausschließende Positionen. Trotzdem erfahren sie in der dritten Strophe, ganz im Hegel'schen Sinn, ihre Synthese, ihre harmonische Verschränkung. Nun singen Äffle und Pferdle nicht mehr gegeneinander an, sondern teilen sich geschwisterlich das Mikrofon:

Das isch der Bananen-Hafer-Blues,
Das isch der Hafer- und Bananenblues …

Exotische Frucht und heimisches Süßgras, so könnte man zusammenfassen, schließen einander nicht aus, sondern können friedlich koexistieren. Bezeichnenderweise tauchte ungefähr zeitgleich zur Veröffentlichung des Hafer-und-Bananen-Blues ein neuartiges Mischgetränk auf dem süddeutschen Biermarkt auf: das Bananenweizen. Hier findet die Hegel'sche Synthese, die im Blues auf rein zeichenhafter Ebene beschworen wird, in konkret stofflicher Form statt: Die Banane vermengt sich mit dem Getreide, das Fremde mit dem Eigenen, bis die Bestandteile eine Suspension bilden, sich aufheben, zu einem höheren Ganzen vereinen. Vielleicht ist dies das schönste Bild für ein Einwanderungsland wie Deutschland und besonders für eine durch Migration geprägte Industriemetropole wie Stuttgart: nicht der vielbeschworene kochende Schmelztiegel. Nicht der dampfende Pott. Sondern das kühle, taillierte Glas mit Bananenweizen.

Lob der Kehrwoche

Je länger ich über Stuttgart als Zuwanderungsstadt nachdenke, desto deutlicher werden mir zwei Dinge bewusst. Erstens: Ich habe der Stadt und ihren Bewohnern, auch im Verlauf dieses Buches, immer wieder Unrecht getan – Schwabylon ist sehr viel besser als sein Ruf. Sowie zweitens: Eigentlich fühle ich mich schon seit Jahrzehnten fremd und fehl am Platz – als sozialisierter Stuttgarter in Berlin, vor allem aber als gebürtiger Berliner in Stuttgart. An meinem letzten Samstag im Kessel versuche ich diesem Zustand mit einer im Wortsinn kathartischen, das heißt reinigenden Aktion Abhilfe zu schaffen: Ich widme mich mit Hingabe einer Tätigkeit, die wie keine andere als Ausdruck des Prinzips Schwabylon verachtet und verlacht wird, nämlich der Kehrwoche. In einem Akt der tätigen Reue sowie als innere Integrationsmaßnahme fege ich die längste Treppe von Stuttgart.

Die Kehrwoche, das muss man Nicht-Stuttgartern vielleicht erklären, ist ein jahrhundertealtes Ritual, welches im Wesentlichen darin besteht, dass man einmal pro Woche, üblicherweise am Samstag, mit einem Besen das Treppenhaus, die Einfahrt, den Gehweg sowie den Rinnstein vor dem eigenen Grundstück von Staub, Blättern, Schnee, Eis oder anderem Unflat befreit. Historisch geht dieses bizarre Brauchtum auf das Stuttgarter Stadtrecht von 1492 zurück, welches einforderte, dass jeder Bürger »seinen Mist alle Wochen hinausführen« solle; mentalitätsgeschichtlich lässt sie sich am ehesten durch die protestantisch-asketische Prägung der Stadt und ihrer Bewohner erklären. Der Christenmensch gerade pietistischer Provenienz kann sich niemals sicher sein, ob er es tatsächlich wert ist, das Himmelreich zu erlangen – Anhaltspunkte bietet allenfalls die eigene Arbeit: Die protestantische Askese, so der Soziologe Max Weber, schuf »den psychologischen *Antrieb* durch die Auffassung dieser Arbeit als *Beruf*, als vorzüglichsten, ja letztlich oft als *einzigen* Mittels, des Gnadenstandes sicher zu werden«.

Und noch eine Sache ist womöglich erklärungsbedürftig: Stuttgart ist nicht nur die Kapitale von Baden-Württemberg, sondern auch die Welthauptstadt der Stäffele. Mit diesem Diminutiv bezeichnen die Ureinwohner die lotrechten Erschließungsbauteile, die vom Grund des Kessels bergauf führen und früher von Weingärtnern genutzt wurden, um zur Arbeit zu gehen. Über 500 dieser Treppen soll es in Stuttgart geben, viele sind ästhetisch umwerfend – die mutmaßlich schönste, auf jeden Fall aber längste ist die Willy-Reichert-Staffel, benannt nach einem schwäbischen Volksschauspieler: Sie führt von der Römerstraße in Heslach über 408 Stufen zur sogenannten Karlshöhe, einer herrlich überwucherten Anhöhe südwestlich des Zentrums. An einem Samstag im September mache ich mich auf den Weg, sie zu kehren.

Ich habe einen alten Reisigbesen meiner Eltern geschultert und kaum das oberste Ende des Stäffeles erreicht – wer eine Treppe hinunterfegen will, muss sie erst mal hinaufsteigen –, als ich auch schon von einer kreuzfidelen Männergruppe in ein Gespräch verwickelt werde; die Herren erklimmen gerade keuchend die letzten steinernen Stufen.

»Glar«, sagt der erste fachmännisch und deutet auf meinen Besen, er scheint der Anführer der Gruppe zu sein. »Am Samschdag wird g'kehrt.« Kein Wort des Erstaunens, obwohl doch weit und breit kein Privatgrundstück an die Treppe heranreicht und ich in urbanem Hipsterzivil gekleidet, also erkennbar kein Angestellter der Stadtreinigung bin: Das öffentliche Großreinemachen, stelle ich befriedigt fest, gehört immer noch unhinterfragbar zum Wesen der Stadt.

»Wie oft machet Se des?«, will der Zweite wissen.

»Äh ... heute zum ersten und mutmaßlich letzten Mal«, gebe ich wahrheitsgemäß zu Protokoll.

»Bloß oi'mohl?!« Seine Empörung klingt echt. »Ned jeda' Dag?«

Ich verneine zerknirscht.

Und, erkundigt sich der Dritte, wie lange ich denn für die ordnungsgemäße Stäffelesreinigung einplane?

»Na ja«, mutmaße ich über den dicken Daumen, »vielleicht eine Stunde?« (Eine allzu optimistische Einschätzung, wie sich bald zeigen wird.)

»Bloß oi' Schtond'?!« Auch hier ein kaum verhohlener Vorwurf in der Stimme. »Die Schtaffel muss saubr sai! Wenn m'r scho' fägt, soll m'r ned huadla!«

»Genau!«, ergänzt der Vierte. »No ned huadla! Hat scho' d'r Willy Reichert gsaidt!« Hudeln, auch das muss man vielleicht erläutern, bedeutet so viel wie hetzen. »No ned huadla!« meint entsprechend so viel wie: Immer mit der Ruhe!

Mein Besen sei ja noch ganz sauber!, bemerkt der Fünfte und deutet tadelnd auf die Borsten.

»Em Herbscht zom feaga ischt halt bleed«, ergänzt der Sechste. »Wega de Blädd'r.«

Dem Ersten, der sich nun klar als Alphatier der Gruppe entpuppt, wird es zu bunt, er nimmt mir ungefragt den Besen aus der Hand und beginnt, die Willy-Reichert-Staffel hinabzufegen. Beeindruckt beobachte ich, wie er mit gekonnten, leicht kreisenden Bewegungen die Borsten über den Boden tanzen lässt, so viel Druck wie nötig, so wenig wie möglich, so lange, bis die Stufen, nun ja, besenrein sind. Ich spiele kurz mit dem Gedanken, ob ich mir die Mühe womöglich ersparen kann, ob ich einfach arglose Passanten dazu bewegen kann, an meiner statt zu fegen, weil diese Tätigkeit auf schwäbisch-asketische Protestanten so attraktiv wirkt – aber schon nach zwei Stufen macht mein Besenlehrer schlapp: Er habe heute Morgen schon »die Gasse« vor seinem Haus gefegt, erklärt er schulterzuckend, und ich habe keinen Grund, an seinen Worten zu zweifeln.

»Mir schwätzet z'viel!«, wirft jetzt auch ein anderer ein, deutet auf mich: »Der Mâh muss schaffe!«

Mit diesen Worten verfügt sich die Gruppe in den Biergarten auf der Karlshöhe – nicht ohne die abschließende Mahnung, wenn sie nachher aus der Gaststätte kämen und das Stäffele hinunterschwankten, würden sie jedes Blatt, das ich übrig gelassen habe, doppelt sehen.

Das, versichere ich ihnen, wird nicht der Fall sein.

Ewige Wiederkehr

Die folgenden drei Stunden verbringe ich mit der porentiefen Reinigung des Treppenbauwerks. Ich mache dabei nach überschlägiger Schätzung knapp 5000 Schwünge, elf Besenbewegungen pro Stufe, vier rechts, vier links, drei in der Mitte – das schält sich im Lauf der Zeit als mein persönlicher Reinigungsrhythmus heraus. Eine gleichförmige, meditative Tätigkeit, bei der man allmählich ins Nachsinnen kommt.

Die Kehrwoche, so wird mir mit jedem Laubblatt, das ich nach unten befördere, klarer, lehrt uns einige der wichtigsten Fähigkeiten für die Zukunft: essenzielle *broom skills*, die jedem, der ein Stäffele fegen will, gut zu Gesicht stehen, die sich aber auch auf andere Lebens- und Arbeitsbereiche übertragen lassen. Anders gesagt: Wenn wir für die herausfordernden Zeiten, die uns bevorstehen, gewappnet sein wollen, müssen wir die Tugendstaffel meistern. Zum Glück umfasst sie nicht 408, sondern nur sieben Stufen, sieben Regeln. *Swabylon rules.*

Erste Stufe: *Manualität.* Das Schwingen eines Besens ist notgedrungen eine manuelle Tätigkeit: Wer zwei gesunde Hände sowie auch nur einen Funken Selbstachtung im Leib hat, verzichtet auf den Einsatz eines Laubbläsers, da dieser erstens unerträglich laut ist, zweitens kostbare Ressourcen verbraucht, drittens sensible Kleinstlebewesen schädigt und viertens den zu beseitigenden Dreck ohnehin nur unkontrolliert von A nach B pustet. Als ausgewiesene Handarbeit stellt das Fegen mithin ein kulturelles Rudiment dar, das Überbleibsel einer vormodernen, noch nicht durchmotorisierten Epoche – in die wir aber bald wieder notgedrungen zurückkehren könnten. Wenn wir tatsächlich, wie im letzten Sachstandsbericht des Weltklimarats IPCC aus dem Frühjahr 2022 gefordert, die ausgestoßene Treibhausgasmenge bis 2030 um die Hälfte reduzieren wollen, wird uns gar nichts anderes übrig bleiben, als wieder sehr viele Aufgaben von Hand zu erledigen oder zu Fuß oder beides. Auf jeden Fall mit der Energie unseres eigenen Körpers.

Zweite Stufe: *Altruismus*. Die Erledigung der Kehrwoche obliegt in der Regel einer einzelnen Mietpartei, einem Mitbewohner oder Nachbarn, der gemeinschaftlich genutztes Gelände sauber und instand hält. Entscheidend ist nun: Man kann diese Aufgabe nicht einfach outsourcen oder delegieren, man sollte auch kein professionelles Reinigungsunternehmen damit beauftragen – es handelt sich um eine Tätigkeit, die man nur persönlich (und idealerweise ohne Murren) im Interesse einer größeren Gruppe erledigt. Es ist unschwer zu erkennen, dass sich auch hinter dieser vielbelächelten schwäbischen Kulturtechnik eine Lektion für die Zukunft verbirgt: Das Fegen einer öffentlichen Treppe ist eine Art Bundesfreiwilligendienst *en miniature*, eine Vorübung für größere Dienste an der Allgemeinheit. Richtig verstanden und praktiziert, ist die Kehrwoche nichts weniger als ein Sinnbild dafür, dass auch kollektive Güter pfleglich behandelt und dauerhaft genutzt werden können. In Umkehrung der berühmten Formulierung von der *tragedy of the commons* könnte man sagen: Das öffentliche Fegen verkörpert die Komödie der Allmende.

Dritte Stufe: *Flexibilität.* Natürlich kann und sollte man diese Aufgabe bisweilen auch für andere, etwa alte oder gebrechliche Nachbarn übernehmen – das wahre, selbstlose Treppenfegen erwartet keine Reziprozität, es ist sich Erfüllung genug und hält auch nicht starr an vorgegebenen Formeln fest. Ich habe eingangs behauptet, dass ich jede Stufe der Willy-Reichert-Staffel exakt elf Mal gefegt hätte: Das ist natürlich nur ein Richtwert. Bei manchen Stufen klebte ein Nest matschiger Blätter in der Fuge, die ich erst mühsam mit der Besenspitze herausprorkeln musste; bei anderen genügten fünf zügige Schwünge von rechts nach links. Auch wenn die 408 Granitstufen auf den ersten Blick alle gleich groß und austauschbar erscheinen mochten, war doch jede von ihnen anders und erforderte je individuelle Behandlung. Dies ist das Wesen des Besens: Er passt sich auch unterschiedlichsten Gegebenheiten an.

Vierte Stufe: *Inkrementalität.* Wer eine Treppe fegt, erkennt schnell, dass man dabei zwangsläufig nur Schritt für Schritt vorankommt, *one step at a time;* man kann nicht einfach eine Stufe auslassen oder überspringen, sonst wäre alles zunichte. Diese Einsicht ist natürlich nicht auf das Kehren beschränkt: Auch wer als Fußgänger eine Treppe lediglich empor- oder hinabsteigt, wird bemerken, dass jeglicher Fortschritt nur stufenweise stattfindet. Wie wesentlich diese Einsicht für unser Weltverhältnis ist, wird klar, wenn man die Treppe mit ihrem Antipoden, dem Fahrstuhl, vergleicht. Der Fahrstuhl steht für die verlogene Verheißung der Spätmoderne, dass alles ohne Mühe und in qualitativen Sprüngen zu haben sei: Ein Knopfdruck, und schon hat man sein Ziel erreicht. Die Treppe ist da aufrichtiger, realistischer: Sie erinnert uns mit jedem mühsamen Schritt daran, dass Veränderungen, zumal innerhalb demokratischer Strukturen, enorme Kraft kosten und in der Regel nur peu à peu stattfinden. Anders gesagt: Der Fahrstuhl scheppert mit den hohlen Versprechungen der Demagogen – die Treppe hingegen ist das Bauteil für lotrechte Verfassungspatrioten.

Fünfte Stufe: *Immanenz.* Irgendwann, irgendwo zwischen der hundertsten und dreihundertsten Stufe des Stäffeles muss ich an die Tugendleiter denken, die ich einmal auf einem Fresko im Moldaukloster Sucevița nahe der ukrainischen Grenze gesehen habe: Nur wer alle ihre Stiegen erklommen hat, ist würdig, ins Himmelreich einzutreten. Auch die Willy-Reichert-Staffel, so wird mir bewusst, ist eine Art Leiter und ihre Reinigung ohne Zweifel eine Tugend – aber diese Stiege führt nicht in den Himmel, sondern verläuft strikt im Diesseits, verbindet ein irdisches Bachtal mit einem innerweltlichen Hügel. Und wer sie fegt, gelangt dabei nie und nimmer nach oben, sondern im Gegenteil immer tiefer in den Kessel. *Broom Skill N°5:* So tugendhaft wir uns auch bemühen, wir müssen lernen, ohne metaphysischen Trost oder Belohnung auszukommen.

Auch wenn also der religiöse Überbau fehlt, heißt doch die sechste Stufe: *Demut.* Wer fegt, hält notgedrungen den Kopf gesenkt, blickt demütig zu Boden, wo wir herkommen und wohin wir letzten Endes verschwinden werden. Und was er zusammenfegt, führt ihm die Vergänglichkeit allen Daseins, dessen wesenhaften Abfallcharakter schonungslos vor Augen. Vermodernde Blätter, ausgerauchte Zigarettenkippen, ausgediente Mund-Nase-Bedeckungen, Kronkorken, Bierflaschenscherben, hier und da eine leere Heroinspritze: Es ist ausschließlich Verworfenes, Vergessenes, Verfallendes, das er zu seinen Füßen erblickt, als würde er durch ein zeitgenössisches Vanitas-Gemälde waten, Überreste von Rausch und Leben – aber das ficht den Fegenden nicht an. Er kehrt weiter, kehrt wieder.

Womit wir zur siebten und letzten Stufe kommen, zur untersten und zugleich höchsten Stufe der Weisheit: *Akzeptanz.* Das Frustrierende am Treppenfegen ist ja, erstens, dass der Dreck immer weiter zunimmt: Je tiefer man gelangt, desto größer wird der Haufen, den man vor sich herschiebt. Und zweitens, dass diese Reinigung nur provisorisch ist: Der Name Kehrwoche ist nicht zuletzt deswegen so passend, weil die mit ihm verbundene Aufgabe im Wochentakt wieder-kehrt. Um angesichts dieser Absurdität nicht zu verzweifeln, hilft bloß eine existenzialistische Grundhaltung: Wie der Camus'sche Sisyphos, der lächelnd dem rollenden Felsbrocken hinterherblickt, nachdem er ihn gerade erst unter Mühen den Berg hinaufgewuchtet hat, sollten wir lächelnd die Treppe emporschauen, nachdem wir sie mühevoll heruntergefegt haben – im Vollbewusstsein, dass wir sie bald wieder besteigen und unsere Arbeit von Neuem beginnen müssen. Das Ziel ist erreicht, alles beginnt von vorn, ein Ende ist nicht in Sicht: Indem der Kehrende diese Routine als sein Schicksal annimmt, gewinnt er die Deutungshoheit über sein Leben: Er wird, in Albert Camus' Formulierung, zum »Herr seiner Tage«. Der Kampf gegen verschmutzte Treppen, so könnten wir den Philosophen paraphrasieren, vermag ein Menschenherz auszufüllen.

Wir müssen uns den Stuttgarter als einen glücklichen Menschen vorstellen.

Epilog im Himmel

Das Letzte, was mir beim Blick aus dem Flugzeug auffällt, ist die überwältigende Schönheit der Stadt. Die Sonne steht schon tief, die Hügel werfen lange Schatten, die Konturen der Stadt treten so leuchtend hervor wie die Gesichter auf einem Caravaggio-Gemälde. Ich sehe die Flachdächer der Weißenhofsiedlung, der Blick in eine Zukunft, die nie stattgefunden hat. Ich sehe die himmelblau glänzenden Becken des Höhenfreibads Killesberg, das Wasser ist noch nicht abgelassen, aber die Bahnen sind verwaist, der Sommer ist beinah vorbei. Ich sehe das grazile Stahlseilgespinst des danebenstehenden Aussichtsturms, die gegenläufigen Treppenaufgänge in Form einer Doppelhelix, verdreht und verwunschen wie die DNA dieser Stadt. Darunter beginnt das Meer.

Die Gebäude der Innenstadt schwappen an die Wände des Kessels, treten über seine Ränder, nur hinten links befindet sich eine Öffnung, ein Überlauf, dort weitet sich die vom Nesenbach geschaffene Bucht zum Neckartal. Auf der Daimler-Teststrecke am Flussufer schmiegt sich gerade ein einsames, weißlackiertes Auto in die Ostkurve, lautlos, wie in Zeitlupe. Ein paar Meter weiter kauert das Mercedes-Benz Museum, mit seinen gewunden-organischen Formen erinnert es an ein Schneckenhaus, von hier oben ist alles klar, als Weichtier liebt es die Feuchtigkeit, natürlich sitzt es am Wasser.

Stuttgart Tower von Delta-Kilo-Sierra-Foxtrot-Uniform: eine Super Dimona, zwei Personen an Bord, vom Wächtersberg zum Wächtersberg, in 3000 Fuß über Stuttgart, circa drei Minuten nordwestlich von Echo. Erbitte Einflug in Ihre Kontrollzone, Einflug über Echo, Ausflug über Oscar, Information Delta erhalten.

Vermutlich liegt es an der Vogelperspektive, vielleicht auch an der Fliegerfachsprache, jedenfalls muss ich an meine Begegnung mit einem US-Veteranen denken, vor vielleicht zwanzig Jahren. Der Mann war mehr als doppelt so alt wie ich, aber wie alle amerikanischen Rentner ausgesprochen jugendlich gekleidet, weiße Sneaker, Baseballkappe, ein legerer Hoodie, der auf der Vorderseite mit dem Wappen einer Universität bedruckt war, wahrscheinlich seine Alma Mater oder die seiner Tochter oder seines Enkels, ein netter Typ. Wir kamen ins Gespräch, wir kamen auf die unvermeidliche Frage nach der Herkunft, und als ich erwähnte, dass ich aus Stuttgart stamme, hellte sich sein Gesicht plötzlich auf.

»Stootgard?«, rief er erfreut. *»I know that city – I bombed it!«* Offenbar hatte er als Pilot in der Air Force gedient und gegen Ende des Zweiten Weltkriegs an einem der Luftangriffe teilgenommen, bei denen die Stadt in Schutt und Asche gelegt wurde.

Unser Gespräch wurde danach merklich holpriger. Nicht, weil ich dem Mann irgendetwas vorzuwerfen gehabt hätte, außer vielleicht einer gewissen Schnoddrigkeit – sondern weil klar war, dass wir gar nicht über dasselbe Stuttgart sprachen. Nicht sprechen konnten, aus dem schlichten Grund, dass jene Stadt, die er zu kennen meinte, wenige Sekunden nachdem er den ersten Blick auf sie geworfen hatte, aufhörte zu existieren.

Von der Stadt, in der meine Mutter aufgewachsen ist, ist beinahe nichts mehr übrig: Auf den Luftkrieg folgte die Abrisswut der Nachkriegszeit, ihr fielen selbst Preziosen wie das Kaufhaus Schocken von Erich Mendelsohn zum Opfer, und der Wandel geht immer weiter: Als ich im Sommer 2021 versuche, meinen morgendlichen Schulweg nachzuvollziehen, die letzten Schritte vom Österreichischen Platz bis zur Pforte, stelle ich fest, dass so gut wie kein Gebäude entlang der Strecke mehr steht. Manchmal erkenne ich die Stadt nicht wieder – dass ich sie tatsächlich kenne, würde ich nie zu behaupten wagen.

Foxtrot-Uniform: Einflug in die Kontrollzone über Echo ist genehmigt. Fliegen Sie weiter Richtung Schwelle zwofünf.

Okay, wir folgen jetzt ziemlich genau der Strecke, die ich früher nach dem Unterricht nach Hause genommen habe, vom Charlottenplatz nach Südosten, von unten nach oben, vom Kessel Richtung Sillenbuch – nur dass der Weg, für den ich mit der Straßenbahn zwanzig Minuten gebraucht habe, jetzt bloß ein paar Sekunden in Anspruch nimmt, die Zeit vergeht, wie sollte es anders sein, wie im Flug. Sven zieht die Nase der Super Dimona nach oben, wir verlassen den Kessel, unter uns Mischwald mit Kronenschäden, zu unserer Rechten der Fernsehturm – er sieht heute Abend wirklich umwerfend elegant aus, wie die Portalsäule eines griechischen Tempels, sie stützt, nehme ich an, den Himmel.

Stuttgart Tower von Delta-Foxtrot-Uniform: Frage, ob ein Vollkreis über Sillenbuch möglich wäre.

Der Fernsehturm verschwindet, wenige Sekunden später ein Knacken im Kopfhörer, ein Rauschen, als würde Darth Vader mit Kamillendampf inhalieren, dann die Stimme des Mannes im Kontrollturm.

Foxtrot-Uniform: Des geht scho'.

Während ich noch überlege, was mit dem Ausdruck Vollkreis gemeint sein könnte, legt Sven das Flugzeug auch schon auf die Seite, wir stehen fast senkrecht über der Erde, wenn ich seitwärts aus dem Fenster blicke, sehe ich den Erdboden als Panorama ausgebreitet. Ich sehe den Feierabendverkehr auf der Kirchheimer Straße, noch schleppender als sonst. Ich sehe eine Stadtbahn in ihrem Tunnel verschwinden, ich sehe die Sporthalle meines Handballvereins, das Freibad, wo ich beinahe ertrunken wäre, den Schulhof, wo wir Rollhockey gespielt haben, die Narben trage ich noch immer. Und dann sehe ich für einen Sekundenbruchteil mein Elternhaus. Unverkennbar, das dunkelbraune Ziegeldach. Die selbstgezimmerte Laube. Der spätsommergrüne Garten, die efeuüberwucherten Lärchen, die Krone des alten Apfelbaums, der schon, so lange ich denken kann, kurz vor dem Absterben steht, aber aus unerfindlichen Gründen jedes Jahr wieder Früchte trägt.

Und dann drehen wir ab und sind fort.

Dank

Ich danke zuvorderst meinen Eltern, die mich zum Stuttgarter gemacht haben, sowie meinen Stuttgarter Freunden, die mich immer wieder mit diesem Zustand versöhnen: Sven und Mirjam, Wiltrud und Sigrun, Anna und Tilman, Uli sowie nicht zuletzt Christopher, unermüdlicher Begleiter auf Streifzügen und Abwegen. Für gute Gespräche und Gedanken, Tee und andere Anregungen danke ich sehr herzlich Sibylle Lewitscharoff, Ulf Stolterfoht, Wolfram Eilenberger, Michael Gaedt, Goggo Gensch, Christoph Link vom Verkehrsclub Deutschland, Martin Loser und Jean-Philippe Müller von der Stadtentwässerung Stuttgart sowie Dagmar Bluthardt und Lars Neumann von der Israelitischen Religionsgemeinschaft Württemberg. Mein besonderer Dank gilt wie immer meiner Frau und Erstleserin Svenja Flaßpöhler, außerdem Simone Hoffmann-Kuhnt für ihre kritischen Anmerkungen zum »Prinzip Waldi« und Günter Leypoldt für sein Dialektcoaching; allfällige Fehler gehen auf meine Kappe. Zu guter Letzt danke ich allen guten Geistern, Freunden, Kolleg*innen und Bekanntschaften am Wegesrand, die zum Gelingen dieses

Buches beigetragen haben: Oliver Baumann-Gibbon, Fritz Bindzius, Elke Buhr, Michael Ebmeyer, Jürgen Feder, Florian Glufke, Tobias Goldfarb, Hatice, Friedemann Holder, Florian Höllerer, Tobi Müller, Konrad Neander, Jutta Person, Stefan Rohmund, Katja Schalla, Peter Schneider, Mikhail Smolin, Bernd Spellenberg, Stefanie Stegmann, Susanne Stephan, Alexander Suckel, Elena Tzevara, Tommy W. und Doris Zilger.

Verwendete und zitierte Werke

Kodimey Awokou, »Mein Stuttgart«, in: *Aus Politik und Zeitgeschichte* 5–6/2021: 4–7.

Maria Barankow und Christian Baron, »Vorwort«, in: dies. (Hrsg.), *Klasse und Kampf* (Berlin: Claassen, 2021) 7–12.

Roland Barthes, *Mythen des Alltags* (Berlin: Suhrkamp, 2010).

Heiner Barz, »Stuttgart – Hauptstadt der Freidenker und Anthroposophen?«, in: *Aus Politik und Zeitgeschichte* (a. a. O.) 26–32.

Lucius Burckhardt, »Promenadologische Betrachtungen (Auszug)«, in: Anneke Lubkowitz (Hrsg.), *Psychogeografie. Eine Anthologie* (Berlin: Matthes & Seitz, 2020) 51–55.

Albert Camus, *Der Mythos von Sisyphos. Ein Versuch über das Absurde* (Reinbek bei Hamburg: Rowohlt, 1998).

Claudia Diehl und Bentley Schieckoff, »Integration durch Erwerbsarbeit«, in: *Aus Politik und Zeitgeschichte* (a. a. O.) 33–39.

Die Fantastischen Vier, »Hip Hop Musik«, in: *4 gewinnt* (Sony 1992).

Jürgen Dispan, »Transformation der Schlüsselindustrien als Herausforderung für die Regionalwirtschaft«, in: *Aus Politik und Zeitgeschichte* (a. a. O.) 40–46.

Aladin El-Mafaalani, »Wo beginnt Rassismus?«, in: *Philosophie Magazin* 02/2022: 24–29.

Manfred Esser, *Ostend-Roman* (Jossa: MÄRZ, 1978).

Irene Ferchl, *Stuttgart. Literarische Wegmarken in der Bücherstadt* (Stuttgart: Klett-Cotta, 2000).
Jonathan Franzen, *Wann hören wir auf, uns etwas vorzumachen?* (Reinbek bei Hamburg: Rowohlt, 2020).
Nadine Frei und Oliver Nachtwey, *Quellen des »Querdenkertums«. Eine politische Soziologie der Corona-Proteste in Baden-Württemberg* (Basel: Basler Arbeitspapiere zur Soziologie, 2021), https://osf.io/preprints/socarxiv/8f4pb/.
Ulrich Gohl, *Der Nesenbach. Geheimnis unter Stuttgarts Straßen* (Tübingen: Silberburg, 2002).
Johann Wolfgang von Goethe, *Faust. Eine Tragödie.* In: *Dramen* (Zürich und Stuttgart: Artemis, 1961).
Steffen Greiner, *Die Diktatur der Wahrheit. Eine Zeitreise zu den ersten Querdenkern* (Stuttgart: Tropen, 2022).
Anna Katharina Hahn, »Zur Chillereiche. Kleiner Versuch über Stuttgart«, in: *Aus Politik und Zeitgeschichte* (a. a. O.) 8–11.
Hochschulbildungsreport 2020, https://www.hochschulbildungsreport2020.de/chancen-fuer-nichtakademikerkinder.
Kirsten Juel, »Man liebe, was nicht von gestern und heute, sondern von morgen ist«, in: *KERNPUNKTE* 10 (August 2020) 1–4.
Florian Kain, »Die Schwaben in Berlin sollen Schrippen sagen«. Interview mit Wolfgang Thierse, in: *Die Welt*, 31.12.2012, https://www.welt.de/politik/deutschland/article112321505/Die-Schwaben-in-Berlin-sollen-Schrippen-sagen.html.
Franz Kafka, *Tagebücher 1910–1923* (Frankfurt am Main: S. Fischer, 1983).
Armin Käfer, »Der große Knall«, in: *Rotary Magazin* (November 2021) 32–35.
Immanuel Kant, *Kritik der Urteilskraft* (Frankfurt am Main: Suhrkamp, 1974).
Florian Kessler, *Mutbürger. Die Kunst des neuen Demonstrierens* (München: Hanser Berlin, 2013).
Hermann Knoflacher, »Autofahren ist schlimmer als eine Sucht«, Gespräch bei *Deutschlandfunk Kultur*, 11.11.2017, https://www.deutschlandfunkkultur.de/auto-und-mensch-autofahren-ist-schlimmer-als-eine-sucht-100.html.

Dietrich Krauss, »Alte Sünden«, in: *Rotary Magazin* (a. a. O.) 40–41.
Stephan Lessenich, *Neben uns die Sintflut. Die Externalisierungsgesellschaft und ihr Preis* (München: Hanser Berlin, 2016).
Rosa Luxemburg und Clara Zetkin, »Briefwechsel«, in: Friederike Ehwald und Andrea Friedel (Hrsg.), *Stuttgart zum Verweilen* (Ditzingen: Reclam, 2021) 78–83.
Silke Mende, »Wie anthroposophisch waren die Grünen?«, in: *Geschichte der Gegenwart*, 09.01.2022, https://geschichtedergegenwart.ch/wie-anthroposophisch-waren-die-gruenen/.
Friedrich Nietzsche, »Welt-Klugheit«, in: *Morgenröte/Idyllen aus Messina/Die fröhliche Wissenschaft* (München, Berlin und New York: Deutscher Taschenbuch Verlag/de Gruyter, 1999).
Annette Ohme-Reinicke, *Das große Unbehagen. Die Protestbewegung gegen »Stuttgart 21«: Aufbruch zu neuem bürgerlichen Selbstbewusstsein?* (Stuttgart: Schmetterling, 2012).
Andreas Reckwitz, *Die Gesellschaft der Singularitäten. Zum Strukturwandel der Moderne* (Berlin: Suhrkamp, 2017).
Stefan Reinecke und Jan Feddersen, »In welcher K-Gruppe waren Sie denn?« Gespräch mit Katharina Rutschky und Götz Aly, in: *taz*, 29.12.2007, https://taz.de/m/!200666/.
Wolfgang Schorlau, *Die letzte Flucht. Denglers sechster Fall* (Köln: Kiepenheuer & Witsch, 2011).
Heinz Herbert Schöffler, *Das Wirken Rudolf Steiners 1917–1925. Berlin, Stuttgart und Dornach* (Dornach: Verlag am Goetheanum, 1987).
W. G. Sebald, *Zerstreute Reminiszenzen. Gedanken zur Eröffnung eines Stuttgarter Hauses* (Warmbronn: Ulrich Keicher, 2008).
Werner Skrentny et al. (Hrsg.), *Stuttgart zu Fuß. 20 Stadtteil-Streifzüge durch Geschichte und Gegenwart* (Tübingen: Silberburg, 2005).
Rudolf Steiner, *Stichwort Infektion und Impfung* (Basel: Rudolf Steiner Verlag, 2022).
Ulf Stolterfoht, *holzrauch über heslach* (Basel: Urs Engeler, 2007).
Jakob Strobel y Serra, »So kann es nicht weitergehen«, in: *Frankfurter Allgemeine Zeitung*, 24.01.2022, https://www.faz.net/

aktuell/feuilleton/debatten/das-sind-cem-oezdemirs-aufgaben-als-landwirtschaftsminister-17746914.html.

Nassim Nicholas Taleb, *Antifragilität. Anleitung für eine Welt, die wir nicht verstehen* (München: Knaus, 2012).

Simon Teune, »Protest 2010 und 2020. Zwei Herausforderungen der Demokratie«, in: *Aus Politik und Zeitgeschichte* (a. a. O.) 20–25.

Klaus Theweleit, *Männerphantasien* (Berlin: Matthes & Seitz, 2019).

Peter Unfried, »Schluss mit dem Ländle-Spott«, in: *taz*, 13.03.2021, https://taz.de/Identitaere-Verachtung-von-Schwaben/!5752826/.

»Waldorfschulen wehren sich: Fakten gegen Fake News«, 22.12.2021, https://www.waldorfschule.de/artikel/waldorfschulen-wehren-sich-fakten-gegen-fake-news.

Max Weber, »Die protestantische Ethik und der Geist des Kapitalismus«, in: *Gesammelte Aufsätze zur Religionssoziologie I* (Tübingen: J. C. B. Mohr/Paul Siebeck, 1988) 17–206.

Harald Welzer, »Es käme darauf an, Dinge nicht nur aus Not zu verändern«, in: *Philosophie Magazin* 02/2022: 60–63.

Ders., *Nachruf auf mich selbst. Die Kultur des Aufhörens* (Frankfurt am Main: S. Fischer, 2021).

Lea Wintterlin, »Philosophie des Baumes«, in: *Philosophie Magazin* 05/2021: 32–37.

Winfried Wolf, *abgrundtief + bodenlos. Stuttgart 21, sein absehbares Scheitern und die Kultur des Widerstands* (Köln: PapyRossa, 2019).

Helmut Zander, *Die Anthroposophie. Rudolf Steiners Ideen zwischen Esoterik, Weleda, Demeter und Waldorfpädagogik* (Paderborn: Ferdinand Schöningh, 2019).